JN096708

自閉症と知的しょうがいのある人たちへの

マスターベーションの理解と支援

親と専門職のためのガイド

著 ── **メル・ガッド**
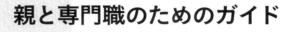
Mel Gadd

訳 ── **木全 和巳**
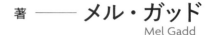
Kazumi Kimata

Masturbation,
Autism and
Learning Disabilities

クリエイツかもがわ
CREATES KAMOGAWA

謝　辞

　ジョー・ハインリッヒ（Jo Hinchliffe）に感謝します。彼は、不適切なマスターベーションに対する適切な実践的応答について早くから取り組んできました。続けて、コリーナ・ウイリアムズ（Corrina Williams）、クレイレ・ライトリー（Claire Lightley）、コリエ・マクレーン（Corrie McLean）、ラチェル・クラーケ（Rachel Clarke）にも感謝します。彼（女）らは、この本をよくするために支えてくれました。この本は、単に私の仕事だけではなく、連合王国（United Kingdom*）においてたくさんのよい実践をつないでくれる仲間たちの仕事でもあります。また、ジェ・シー（Jez Shea）、マンディ・ウイリアムズ・ジョンズ（Mandy Williams Jones）にも感謝します。この二人は、「人間関係と性教育（Relationships and Sex Education（RSE））**」の実践家のネットワークにつながっており、最初からこの本をよくするために関わり、手伝っていただきました。

＊訳注　連合王国（United Kingdom）：正式名称は、「グレート・ブリテン及び北アイルランド連合王国（United Kingdom of Great Britain and Northern Ireland）」。イギリスのカングレート・ブリテン（Ries of the United Kingdom）とは、イギリス（グレート・ブリテン及び北アイルランド連合王国）を構成する4つの地域であるイングランド、ウェールズ、スコットランド、北アイルランドで構成されている。以下、「UK」は、「イギリス」とする。イングランド、ウェールズ及びスコットランド、北アイルランドの4つの国で行政及び法体制が異なる場合がある。
＊＊訳注　「人間関係と性教育（Relationships and Sex Education（RSE））」：「12. 学校で行われる人間関係と性教育（RSE）」を参照。

序 文

　多くの人たちはマスターベーションをすることが好きです。けれども、自閉症と知的しょうがいのある人たちは少し違っています。何が違うのでしょうか。自閉症と知的しょうがいのある人たちはマスターベーションの方法を知らないこともあります。また、マスターベーションのような性的行動についての社会的、法律的なルールが理解できていないこともあります。

　この本では、自閉症と知的しょうがいのある人たちのマスターベーションの支援について最新のよい実践とさまざまな基準を届けます。この本の目的は、自閉症と知的しょうがいのある人たちがマスターベーションをすることを選んだときに、親や専門職がうまく支援できるようにすることです。

＊訳注　わたしは、そもそも「disability」を「しょうがい」と訳すことはおかしいとこだわり、「impairment」も「disorder」も「barrier」も「障害」「障碍」として同じ訳にしてしまうことに、疑義を呈してきた。ようやく「barrier」は「障壁」と訳されるようになった。現在、DSM-5（2013）では、「知的能力障害（知的発達症／知的発達障害） intellectual disability（intellectual developmental disorder）」「自閉スペクトラム症／自閉症スペクトラム障害　autism spectrum disorder」と「disorder」を「症」と訳して、理解し始められている。

　本書は、イギリスで出版された本である。通例にしたがって、learning disabilities については、「学習障害」「学習能力障害」ではなく「知的しょうがい」とした。「性教育（sex education）」よりも、「性と生の教育（sexuality education）」を重視している。さらには、「教育（education）」よりも「学習（learning）」の方がより本質的な実践であると考えている。

私について

　私は、青年たちと地域のために働いているソーシャルワーカーであり、認定された公的な保健師（public health practitioner）です。私は、18歳までの「人間関係と性教育（RSE）」を続けてきました。以前、全国的な性の健康基金団体である「家族計画協会（Family Planning Association　FPA）」で働いており、この団体では、プロジェクトやトレーニングのマネージャーをしてきました。いまは、クワミ・アディス・リュウ（Cwmni Addysg Rhyw）という性教育会社のディレクターとマネージャーをしています。この会社は、必要な人間関係と性教育のプロジェクトを提供してきた社会的企業です。私は、一般的な資源にアクセスできず、必要な性教育にいつもアクセスできない、傷つきやすい人たちのための人間関係と性教育の分野で活動してきました。こうした傷つきやすい人たちは、主に自閉症と知的しょうがいのある若者や大人たちです。また、知的しょうがいのある人たちへのマスターベーションの支援という人気のあるコースを含む、専門職や親への「人間関係と性教育（RSE）」トレーニングの活動を支援してきました。

CONTENTS

1.

導 入 ──

なぜマスターベーションについての本を書くのでしょうか？

　マスターベーション。大きな声で言うことがはばかられる言葉です。あまり語られることはありません。タブーです。話すにはとてもプライベートなことですね。

　私の働いている職場の利用者の人たちには、いろいろな方がおられ、特に自閉症や知的しょうがいと関わる専門職の人たちは、この共通するテーマと問題に何度も出くわします。私が、人間関係と性の教育者として働く中で、マスターベーションは何度も繰り返されるテーマなのですが、こうした性的な行動が、プライベートに行われず、社会的に受け入れられず、しっかりとした支援が必要になってはじめて、ようやく注意が払われます。

　不適切に自分のからだを触ることやマスターベーションへの関心は、どれも共通していて、いつもただ問題として扱っているように感じられます。仕事をする中で、助言や支援についての同じような質問をたくさん受けます。その後で、私は、その場で、現在の法令、助言、人間関係と性教育カリキュラムについて伝え、親や専門職を支援するためのよい実践を提案するなど、できるだけ簡単なガイダンスを開くようにしています。このガイダンスには、この本で展開されているような専門職や親向けのトレーニング

コースも含まれています。

　自閉症や自閉症と重なる知的しょうがいのある人たちには、ほんとうにたくさんの異なった理由があり、他の人たちよりも性的な関係と出会う機会や受けとめる能力がありません。特にマスターベーションは、自分で選べるのであれば、性的なよろこびと出会うただ一つの機会であるにもかかわらずです。親や専門職は、性的である知的しょうがいのある人たちの権利と、人前でマスターベーションをするなど他の人たちに影響を与えない性的ふるまいに対する責任とのバランスをとらなければなりません。マスターベーションは、誰にとっても、当事者の周囲の人たちにとっても、問題になっていますが、課題としても、支援計画としても、考慮されていません。特に、一人で行うため、妊娠や性感染症の原因にならない性的な行為であるにもかかわらずです。

　この本を通して、私は、権利と責任のバランスと、知的しょうがいのある人たちが、自分自身や他者たちを害することなく、自身の性を楽しむことができるように、親、ケアスタッフ、専門職がいかに支援できるのかについて、検討するつもりです。

用語と用語集

　人間関係と性教育について自閉症や知的しょうがいのある人たちとともに活動するとき、私たちは、どこで働いているのか、どこに住んでいるのか、どんな立場にいるのかによって、異なった範囲の異なった用語を使っています。この本では、「自閉症（autism）」とまたは「知的しょうがい（learning disabilities）」または「知的能力損傷（impaired intellectual ability）」のある人は、「知的しょうがい（learning disabilities）」のある人という言葉を使います。そして、「人間関係と性教育（relationships and sex education（RSE））」は、「性教育（sex education）」を意味します。こうした点については、この本の巻末にさらなる情報として用語集にまとめておきました。

　仕事で伝え合い、やりとりをするときにお互いに参照する言語は、常に

変化しています。その上で、私たちが使う用語の背後にいる人たちへの尊敬を示し、周囲にいるマイノリティの人たちの価値を下げ、低く見ることなく、言語や用語を使うように、いつも努力しています。働いている人たちをケアし尊重するという目的をもつだけではなく、最新の言葉を不正確には使わないこと、つまり、仲間内だけに通じる特殊な用語（ジャーゴン）は使いません。

マスターベーションとは何か

　マスターベーションとは、性的な興奮と快楽のために自分の性器に触れたり、刺激を与えたりすることと定義しています。マスターベーションは、いつもではないですが、性的絶頂（オーガスム）を導くことができます。したいときに、いつでもマスターベーションがうまくできるようになることと同じように、特に16歳以上の人たちには、合意があれば、性的な行動である相互のマスターベーションも法律的に行うことができます。こうしたマスターベーションについても知っておくべきでしょう。手を使ったり、モノでこすったり、エッチなものや性のおもちゃを使ったりすることも含みます。

　自分の性器に触ることは、若い人たちにとっては正常なことです。なぜなら、とても気持ちいいからです。自分のからだを探究することでもあります。また、自分の気持ちを落ち着かせる行動でもあります。ですから、性的なよろこびのためのマスターベーションという活動は、ふつう思春期を通してどんどん増えていきます。このときには、性ホルモンが増加して、セックスと性的感覚について正常な好奇心が高まります。

　マスターベーションは、人間に共通した行動であり、知的しょうがいがあるからといってこうした行動は制限できるものではありません。自分でプライベートにマスターベーションができる法律的な年齢には下限も上限もありません。イギリスにおける性犯罪法*では、他の人たちを巻き込んだり、影響を与えたりする性的な行動のみを法律的に規定しています。

　マスターベーションは、長く複雑に込み入った歴史がある性的活動です。

過去には、多くの文化や宗教において、是認されない行為であり、こうした行為をすることは罪でもありました。しかしながら現在では、多くの人たちにとっては正常で健康な行為だとみなされています。しかし、まだ、不正常か汚くみだらであるとみなされるような連想を捨て切れていません。こうしたことは、マスターベーションの要求があって挑戦してみたいけれど、それが困難な人たちへの支援を難しくしています。

性的な発達やふるまいについての態度や価値

　マスターベーションは、誰かと話をするには難しい話題です。親や専門職は、自分たちが成長していく過程で受けたマスターベーションに関する社会的なメッセージをふりかえり、それがマスターベーションを正常な性行動と見なすのに役立ったかどうかを考えることが助けになります。知的しょうがいのある人が幸福で健康的な生活をしていくためには、マスターベーションに関する個人的な見解を切り離すようにすることが重要です。最近行ったトレーニングコースでは、コース開始から1時間ほど経った頃、参加者の一人が「えっ、女性も対象なんですか？　このコースはマスターベーションについてのものだと思っていました」と。このように、「マスターベーションは少年がするもの」という既定価値観がいまだに残っていて、これに異議を唱える必要があります。

　試しにやってみれば、マスターベーションに関するワークショップは、簡単にできるようになります。ふつう、マスターベーションに関する社会的ルー

＊訳注　性犯罪法（The Sexual Offences Act）：イングランド（2003）、ウェールズ（2003）、スコットランド（2008）、北アイルランド（2009）と4つの国でも、成立年が異なっている。共通して、「性犯罪法」は、性的虐待の場合以外の16歳未満同士による性行為承諾の規制を目的としてない。児童保護の視点から、法令は13歳未満の承諾は法律的効用をもたないとしている。12歳以下の児童との性的行為は最も重度な刑法が適応される。16歳以上でも18歳未満はいかがわしい写真の作成、公開、配布、性行為への支払いは違法である。さらに教師、ケアワーカーという信頼される立場である者との18歳未満の性行為の承諾は違法となる。詳しくは、「10. 法律とマスターベーション」を参照。

ルを学んでいない知的しょうがいのある人は、それが恥ずかしい話題になっていることを知らないので、親や専門職を不快にさせます。私の経験では、知的しょうがいのある人、特に若い人は、マスターベーションに関するワークショップによろこんで参加します。特に、どのようにすれば快感を得ることができるか、あるいは将来的にその行為で「問題になる」ことを避ける方法を知っている場合には、なおさらです。

　複数の人たちと同時に働いているときには、この困った行動については、短期的に問題を解決して、目の前の問題行動を減らしたくなります。しかし、「いまここ」にしか目を向けないことで、問題を後日に先送りしたり、問題行動をさらにエスカレートさせたりすることがあります。したがって、若者たちが「落ち着く（クールダウン）」ために学校のトイレでマスターベーションをすることを許したり、知的しょうがいのある大人が性的に興奮してしまうにもかかわらず「落ち着く」ように頭をなでたりすることは、容認できない対応であり、時に、違法行為の可能性があります。これ関しては、「10. 法律とマスターベーション」の章でさらに詳しく説明します。

性と生（セクシュアリティ）

　性と生（セクシュアリティ）という用語は、性別役割が固定化した社会の中で性的な魅力を定義するときによく使われます。しかしながら、人間の性と生（セクシュアリティ）は単純ではありません。性的な自己であるジェンダー（性別役割）、自認（アイデンティティ）、性的指向（オリエンテーション）、好き嫌いなど幅広いすべてのものを指します。私たちの性と生（セクシュアリティ）のいくつかは、いかに育てられたか、どんな性的な価値や意味を与えられたか、どんな文化と社会で生活していたか、いかにアイデンティティを形成してきたか、どんな人間関係をもったか、もたなかったかなどの影響を受けながら、誕生から成長過程において定着していきます。

　世界保健機関（WHO）（2018）では、性と生（セクシュアリティ）について次のように定義しています。

> 　性と生（セクシュアリティ）は、生涯を通じて人間であることの中心的側面をなし、セックス（生物学的性）、ジェンダー・アイデンティティ（性別自認）とジェンダー・ロール（性別役割）、性的指向、エロティシズム、喜び、親密さ、生殖がそこに含まれる。性と生（セクシュアリティ）は、思考、幻想、欲望、信念、態度、価値観、行動、実践、役割、および人間関係を通じて経験され、表現されるものである。性と生（セクシュアリティ）はこうした次元のすべてを含みうるが、必ずしもすべてが経験・表現されるわけではない。性と生（セクシュアリティ）は、生物学的、心理的、社会的、経済的、政治的、文化的、法的、歴史的、宗教的、およびスピリチュアルな要因の相互作用に影響される。

マスターベーションと権利

　マスターベーションをしたいときにできるということは、人間の権利の問題です。私たちが性的な存在であるという権利は、「人権法（1998）*」の第8条に規定されています。「私生活および家族生活が尊重される権利」のところです。

> 1　すべての人は、その私生活、家族生活、住居及び通信手段の尊重を受ける権利を有する。
> 2　この権利の行使に対しては、法律に基づき、かつ、国の安全、公共の安全もしくは国の経済的福利のため、無秩序もしくは犯罪の防止のため、健康もしくは道徳の保護のため、または他の者の権利及び自由の保護のため民主的社会において必要なもの以外のいかなる公の機関による干渉もあってはならない。

　私たちは皆、プライベートでマスターベーションをする権利があります。

この権利は、他の人々に悪影響を与える場合にのみ介入されます。親、ケアスタッフ、専門職は、本人たちにちからをつけることと、本人や他者を保護するのかという微妙な状況に置かれることがよくあります。本書では、こうした問題を実践的に支援する方法で探っていきます。

　人間の権利について責任をもって行使するためには、すべての人が他者の権利を尊重することが必要です。性と性（セクシュアリティ）と性的健康を既存の人権に適用することは、性的権利をきちんと位置づけるということです。性的権利は、他者の権利に十分配慮しつつ、差別からの保護をするという枠組みの中で、人々の性と生（セクシュアリティ）を表現し、性的健康を享受するためのすべての人たちの権利を保護するものです（World Health Organization 2018）。

自由と自立

　公共の場所でマスターベーションをしたり、不適切な接触をしたりなど、社会的で法的なルールを十分に理解できず、これらを守ることができない場合には、その人の自由や社会的交流が著しく制限されることになります。

　公共の場所でマスターベーションをすることは、他者にこの行為を見られている場所でしていることなので、許されません。ですから、こうした不適切なマスターベーションを認めてしまうことは、本人の自由と自立に向けた成長を著しく抑えてしまうことになります。また、多くの場合、本人や他者を危険にさらしているかどうかいつも監視していなくてはならないので、管理者やケアスタッフの義務を大幅に増加させてしまいます。

　若いときに学んだ行動や発達の中で獲得した行動は、生涯続けることができます。知的しょうがいのある人たちの多くは、大人になってからの変

＊訳注：原文では1988となっていたが、正しくは1998。誤植か。田島裕（2010）『イギリス憲法典　1998年人権法』（信山文庫2）。ジョン・ミドルトン（2005）「イギリスの1998年人権法とプライバシーの保護」『一橋法学』第4巻第2号 pp.373-410。

化に大きな抵抗感をもっています。タイムリーに不適切なマスターベーションに対応することで、知的しょうがいのある本人が私的な場所で性的なよろこびを経験することと、他者に危害を与えないようにすることが可能です。そして、不適切な性的行動をする人たちというレッテルを貼られることなく、自由で社会的な交流を体験することもできるのです。

マスターベーション、性的指向、ジェンダー・アイデンティティ

　イギリスでは、私たちは主に異性愛が正常であるという文化の中で生活しています。これは、私たちがそうでないと言われない限り、一般的に人々は異性愛者であり、シスジェンダーであるとみなされることを意味します。知的しょうがいのある人たちも、他の人たちと同様に、同性愛者、両性愛者、パンセクシャル、アセクシャル、異性愛者、トランスジェンダー、シスジェンダー、アジェンダー、またはノンバイナリーである可能性が高いです（これらの用語については、用語集に説明があります）。

　しかしながら、マスターベーションをするときの好みがその人の性的指向やジェンダー・アイデンティティを明らかにするとは限りません。人々の空想生活はユニークで多様であり、人々はアイデンティティや性的指向に関係なく、性的興奮をもたらす精神的な刺激を幅広く、時に狭く選択して使っています。また、仮にこうした人たちが、異性愛の規範が示されたものから外れたものに性的に興奮を覚えているとしても、それは個人的なこと以上のなにものでもありません。

　ふつう、私たちの性的な行動は私的なものです。私たちは、こうした情報を他者と共有したい、または共有しなければならない場合を除いて、自分の個人的な好みや行動に関してはプライバシーが保護されていると当たり前に感じています。自分自身に問いかけてみてください。私は、この人に、私自身が望むのと同じレベルのプライバシーを提供し、性的アイデンティティと選択を尊重することができますか？

1. 要点

- マスターベーションは正常な人間の活動です。

- 知的しょうがいのある人たちもマスターベーションをする権利があります。

- 性的であるという人間の権利は他の人たちに否定的な影響を及ぼすべきではありません。

- プライベートな性的なふるまいはケアされ、尊重されなければなりません。

- プライベートな場でないところでマスターベーションをすることは、人間の尊厳や自立に影響を及ぼします。

2.

マスターベーション
という言葉 ──

　多くの人たちは、セックスや人間関係について一般的に話すことに慣れていませんし、ましてやマスターベーションのようなとても個人的で性的な行動について話すことには慣れていません。イギリスでは、セックスを粗野で汚いもの、あるいは好色で面白いものと思い、冷静に論理的に語るべきものではないと育てられてきました。

　セックスやマスターベーションについて、私たちがこうした話題を深め、対話をしようとするとき、私たちの過去や現在の感情は、あまり心地良いものではありません。イギリスにおける主流の文化では、マスターベーションについて語られることはめったになく、あるにしても、次のような俗語やわかりにくい言葉を使うことが好まれます。

　ワンク（Wank）

　ワンキング（Wanking）

　トミータンク（Tommy tank）

　フリック・ザ・ビーン（Flicking the bean）

　五本指シャッフル（Five-finger shuffle）

　クラッキング　ワン　オフ（Cracking one off）

　トッシング・オフ（Tossing-off）

　フラッピング（Frapping）

これらのリスト以外にも、あなたが聞いたことのある他の用語を加えることができるでしょう。マスターベーションやマスターベーションをする人を表現するために、聞いたことのある用語のリストを5分間使って考えてみてください。

　リストにした言葉から、マスターベーションについてどのようなメッセージを受け取っていることがわかりますか？　その用語は、自分自身に触れることの意味を尊重していますか、それとも馬鹿にしていますか、下品なのでしょうか？　自己快楽や性的自律性に焦点を当てていますか、それとも身体的行為やそれに伴う欲求不満に焦点を当てていますか？　ペニスを使ったマスターベーションに焦点を当てた言葉なのですか、少年や男性に焦点を当てた言葉ですか？　このような用語には、女性器や女性のマスターベーションが含まれていますか？

＊訳注

ワンク（Wank）：マスターベーションの英語における俗語

ワンキング（Wanking）：Wank の動名詞

トミータンク（Tommy tank）：男性のマスターベーションを意味する「コックニー押韻」のスラング。すなわち。"Tommy tank" = "Wank"。イギリスの子ども向けテレビ番組「トーマス　ザ　タンク　エンジン（Thomas the Tank Engine）」にちなんで名づけられている。日本では『機関車トーマス』。「コックニー押韻」とはロンドンの労働者階級で話される英語の一種。コックニーには、伝統的に押韻スラング "Cockney Rhyming Slang" と呼ばれている、隠語めいた言い回しがある。現在はコックニーだけでなくイギリス各地で日常会話の中で、俗に使われている表現も多い。これは例えば "Bacon and Eggs" → "Legs" のように、多くは2つの語を並べてその2つ目の語と韻を踏む語を表すというもの。

フリック・ザ・ビーン（Flicking the bean）：女性のマスターベーションの俗語。「bean」（豆）はクリトリスのこと。これをすばやく触るから。

五本指シャッフル（Five-finger shuffle）：指でかき回すことからマスターベーションの俗語に。

クラッキング　ワン　オフ（Cracking one off）：マスターベーションの俗語。「亀裂」「分解」（Cracking）。

トッシング・オフ（Tossing-off）：マスターベーションの俗語。「片づける」から。

フラッピング（Frapping）：Fucking の俗語。

私たちがこうした活動について否定的な言い方で話をすると、その活動自体が否定的であるという強いメッセージを与えてしまいます。しかし、中立的な方法で話していれば、周りの人たちは、何が自分にとって否定的なのか肯定的なのかを自分で判断することができます。

　こうした性的活動に関する教育や話し合いに、人々をよりオープンに参加させたいと考えている専門家の方にお勧めしたいのは、性的活動を中立的な方法で説明する練習をすることです。否定的または肯定的な抑揚をつけずに、事実に基づいた中立的な言葉で明確に説明することです。これにより、説明から否定的な個人的価値観を取り除き、コミュニケーションをとっている人々の経験に対してよりオープンになることができます。また、関係者の恥ずかしさも軽減されます。

　例えば、

　「ポッシュ ワンク（Posh wank）*」 コンドームを装着した状態でペニスを使ってマスターベーションをすること。感覚を楽しむため、あるいは精液をコンドームの中に溜めるため、あるいはコンドームの使い方を練習するために行われます。

　「五本指シャッフル（Five-finger shuffle）」 指を使って性器を刺激することで性的快感を得ます。

　「フリック・ザ・ビーン（Flicking the bean）」 指でクリトリスを刺激して性的快感を得ます。

　説明するときには、ジェンダーバイアスを取り除き、からだの部位や活動内容については事実に基づいて記載をするようにしてください。そうすることで、さまざまな性別、性自認、性的指向を含む用語を使うことができます。よりインクルーシブであろうとするためには実践が必要です。ストレート、シスジェンダー、二元的だと考えない人たちとより深くつながることで気づ

＊訳注　posh：しゃれた、カッコイイという意味

きが進みます。

　知的しょうがいや自閉症の人たちとワークをする際には、わかりやすい言葉を使うこともよいインクルーシブな実践となります。これらの人たちの多くは、性的活動に関するさまざまな用語を知らず、マスターベーションや性的活動について話すときに使われる婉曲的な表現を誤って理解しているかもしれません。正確で事実に基づいた表現をすることで、私たち全員が伝えられていることを明確に理解できます。言葉がわからなかったり、根本的な意味が明確でなかったりすることで、誰もが不利益を被ることがなくなります。また、望ましくない状況や虐待的な状況が発生した場合、明確な報告ができるという利点もあります。からだの部位やさまざまな性的活動に対して適切な言葉を使うことで、よいことだけでなく悪いことについてもお互いに話し合えます。

---

2. 要点

- 明確な言葉で活動を説明します。
- 異なる性別や性的アイデンティティを受け入れます。
- 何かを説明するのに行き詰まったら、他の人にサポートを求めましょう。みんなで協力すれば、難しいことを簡単に話す方法を学ぶことができます。
- 難しいトピックについて説明する練習をします。恥ずかしいことやデリケートな話題を説明するときに使える、自分なりの台本を作ります。

3.
マスターベーションの
利点と害 ——

　マスターベーションを禁止するという議論をするとき、想像されるのはマスターベーションがもたらすと思われる身体的、心理的な害についてです。過去には、手のひらが毛深くなる、「気が狂う（crazy）」、不妊症になるなど、マスターベーションの害に関する神話がありました。この章では、マスターベーションの利点と害について考えます。

マスターベーションの利点

快感

　マスターベーションには、性的欲求不満を解消し、性的快感を得ることができるという主な利点があります。私たちが触れるところには何千もの快感を与える末梢神経があるのですから、それを楽しんでもよいのではないでしょうか。

他の人とのセックスを遅らせます

　セックスをしたいという衝動（ムラムラ）がある場合、マスターベーションをすることでその衝動を和らげることができ、ただ性欲を満たすだけではない選択ができるようになります。中世においては、マスターベーションは、欲望や性的欲求不満を浄化し、正常なレベルに調整することで、人間の本質を純粋に取り戻すための有効な手段であると考えられていました。

自分のからだに責任をもち、健康を保ちます

　自分のからだに責任をもつことは、入浴のときなどに親たちやケアスタッフに見られていた小さい子どもの頃から、成長していく上で大切なスキルです。ティーンエイジャーや大人になると、顔や手など人目に触れる部分のケアは他の人がサポートしてくれますが、プライベートな部分である性器は、性的パートナーがいたり、看護師や医師に診てもらったりしない限り、他の人に見られることはありません。自分の性器を見て、触って、慣れ親しむことで、例えば睾丸のしこりに気づくなど、自分のからだを知り、異常な変化や病気に早く気づくことができます。

自分の性的体験は自分のものであること

　性的活動の多くには、恥ずかしい、汚い、おかしいというイメージがあります。こうしたイメージは、セックスについてとセックスが自分にどのように関係しているのかを学ぶときに、困難を生じさせます。若い人たちは、自分のからだを大切にすることや、生殖のためだけではなく、自分自身のために性的快楽を楽しむことに関心をもつことを避けがちです。知的しょうがいのある人の多くは、セックスは赤ちゃんをつくるためのものであり、よろこびや親密さのためのものではないと教えられています。マスターベーションをすることで、安全に自分の性的快楽を探求して、自分にとって何が気持ちいいのかを学ぶことができます。また、現在または将来、性的パートナーができた場合、学んだことを共有し、お互いに楽しいセックスができる可能性が高くなります。

痛みの緩和

　快感には、私たちのからだにとって、さらに役立つはたらきがあります。研究によると、オーガズムを感じることで痛みの経験が減り、片頭痛（Hambach et al. 2013）や生理痛の影響が緩和されるといわれています。オーガズムの際に分泌されるセロトニン、オキシトシン、エンドルフィンなどのホルモンは、痛みに対する耐性を高めます。

感覚的な体験

オーガズムから得られる快感に加えて、多くの人がマスターベーションを強い感覚の体験と感じています。からだの感覚、音、匂いなどの快感が、この体験につながります。

睡眠の改善

オーガズムを感じることは、寝つきをよくする効果があります。オキシトシンとエンドルフィンがオーガズム時に放出され、リラックスした気分になります。

ストレスの軽減

オキシトシンやエンドルフィンなどは「幸せホルモン」といわれ、オーガズムの際に分泌され、ストレスや不安感の軽減に役立ちます。

前立腺の健康

定期的にオーガズムを感じていると、男性の前立腺がんの発生率が下がると考えられています。2016年の研究（Rider et al. 2016）によると、年齢によって異なりますが、月に21回以上射精する男性は、月に4～7回しか射精しない男性に比べて、追跡調査時に前立腺がんを報告する可能性が最大で26％低いことがわかっています。

安全なセックス

一人でマスターベーションをする場合は、妊娠や性感染症のリスクはありません。しかし、誰かといっしょにマスターベーションをした場合、これを相互マスターベーションといいますが、お互いの手や性的玩具が性器や性液に触れることで、性感染症に感染する可能性があります。

行動上の問題の軽減

性的な欲求不満の蓄積は、人によっては行動上の問題を引き起こすこと

があります。私たちは、多くの専門家とともに仕事をしてきました。この中には、本人たちがマスターベーションをする機会を得ると、より穏やかで幸せになるという報告があります。オーガズムの際に分泌されるオキシトシンやエンドルフィンなどの「幸せホルモン」を分泌するマスターベーションには、自己を落ち着かせるはたらきがあります。

マスターベーションの有害性

公的な場でのマスターベーションは起訴される危険性があります

マスターベーションは個人的な行為ですが、人の目に触れる公共の場での行為は違法であり、起訴される危険性があります。

誰かを怒らせたり、不快にさせたりする可能性があります

もし、マスターベーションを誰かに見てもらいたいのであれば、その相手は性的関係をもつことが法的に認められている同意のある成人でなければなりません。そうでなければ、人々に動揺や苦痛を与え、トラブルに巻き込まれる可能性があります。

性器やその他のからだの部位に外傷や感染症を引き起こす可能性があります

乱暴なマスターベーションをしたり、不適切な道具を使ったりすると、性器を傷つける可能性があります。切り傷やかすり傷がある場合は、清潔に保たないと感染する可能性があります。性器に気を配り、手入れをすることが大切です。

基本的な衛生習慣が守られていないと、不衛生になります

マスターベーションをすると、膣液、精液、排泄物（便）などの体液が、手、性的玩具、もの、周囲に付着することがあります。体液が付着した場合は、後始末をし、手や性的玩具を適切に洗浄することが重要です。

性的感度が低下し、狭い範囲の性的刺激にしか反応しなくなる可能性があります

　マスターベーションは、他の人とするセックスとは異なります。マスターベーションをしているときは、何が気持ちよくて何が気持ちよくないのかを自分と確認する必要はありません。他の人とするセックスでは、オーガズムに達するまでに時間がかかり、まったくオーガズムに達しないこともあります。また、他の人からの刺激が加わることで、思ったよりも早くオーガズムに達することがあります。膣や肛門は、手でペニスを触るようには感じません。パートナーは、自分が最初にクリトリスに触ったときと同じように触ることはできないでしょう。

日常生活に支障をきたします

　学校、カレッジ、職場にいる場合、教育や仕事を中断してマスターベーションをすることは適切ではありません。また、知的しょうがいのない人にとっても、正常な行動とは思えません。この時間にまっとうにしなければならないことがあるときに、マスターベーションを繰り返したり、時間をかけたりすることは、健康で建設的な行動とは考えられません。

社会的弱者とみなされる可能性があります

　マスターベーションに関する社会的ルールの理解が乏しく、公的な場であっても好きなときにマスターベーションをしている場合、法律的、社会的なルールの理解やこれを守ることができない社会的弱者であるとみなされます。加害者からは、操りやすい人、あるいは意図的に性的行為に同意することができない人と見なされ、虐待を受ける対象となる可能性があります。

---

3. 要点

- マスターベーションは人間の正常な行動です。
- マスターベーションはからだによいこともあります。
- また、状況によっては悪影響を及ぼすこともあります。

4.
性器を触る他の理由 ──

　想像してみてください。ある若者が、学校の机の下で自分の性器を触ったりこすったりし続け、「やめてください」「家の中のプライベートな場所で待ってください」と伝えたにもかかわらず、それを続けているとします。服の上や服の中で自分の性器を何度もこすったり触ったりしている本人たちをみると、性的な刺激を与えているのではないかと安易に結論づけがちですが、セルフタッチは、性的欲求とは関係のないいろいろな理由で行われることがあります。

　時には、性的興奮とは直接関係のないからだの状態や感覚的なニーズを、性的なタッチ、あるいは主に性的なものだと思い込んで、見逃してしまうことがあります。しかし、私たちは一日中、さまざまな理由でからだに触れることがあります。ここではその理由のいくつかを紹介します。マスターベーションと決めつける前に、他の理由でからだを触っていないかどうかをていねいにチェックすることが大切です。不適切なセルフタッチが繰り返されている場合は、以下のようなことが考えられます。

感覚的ニーズ

　自閉症や知的しょうがいのある人の中には、感覚過敏であったり、感覚鈍磨であったりというような感覚のニーズがよく見られます。これらは、マ

スターベーションや性的行動にも影響を与えます。マスターベーションは、性的欲求ではなく、感覚自体の目的、つまり感覚的な欲求を満たすために行うことがあります。これは正常なことです。奨励すべきではありませんが、公的な場や私的な場での適切なマスターベーションに関する同じルールが適用されます。

　時折、感覚的ニーズとマスターベーションに関する問題が発生することがありますが、それぞれの状況を個別に評価する必要があります。枕にこすりつけたり、振動マットを使用したりするなど、直接的な刺激に代わる方法を検討することができます。個人的な価値観を脇に置いて、必要に応じた解決策を考えることは、意外と簡単です。例えば、射精した性液が肌に触れる感覚が好きな人は、学校や外出先などの不適切な時間にマスターベーションをしてしまうことがあります。簡単な解決策としては、教育現場や公共の場にいるときに、触ったときと同じような感覚を得られるスライム遊びなどの活動を試してみるとよいでしょう。

カンジダ症

　カンジダ症は、誰でも、また、さまざまなからだの部位で発症する可能性がありますが、外陰部や膣で最もよく見られます。性感染症（STI）ではありませんが、一般的に性器に影響を与えるため、時には性的パートナー間で感染する可能性があります。カンジダ症の一般的な症状は、かゆみ、痛み、患部の発疹、膣またはペニスからの白い分泌物です。

線虫（Thread worms）

　線虫（Thread worms）は、ギョウ虫（pinworms）とも呼ばれ、子どもの頃にはよく見られる病気です。主に子どもに感染しますが、大人（特に小さい子どもの周りにいる人）にも簡単に感染します。一般的な症状は、尻や膣がとてもかゆくなることです。

尿路感染症

　尿路感染症は、腎臓、膀胱、尿道に影響を与えます。症状としては、気分が悪い、おしっこの量がいつもより多い、排尿時の痛み、下腹部の痛み、尿の濁りや臭いなどがあります。高齢者の場合、深刻な混乱の兆候が見られることもあります。また、排尿時に痛みを伴うので、おしっこをしたくなるのを防ぐために性器を押さえてしまうこともあります。

性感染症（STI）

　性感染症（STI）は、他の人との性的接触や共有の性的玩具からも感染します。STIには、ウイルス性のもの（ヘルペス、性器いぼ、HIVなど）、細菌性のもの（クラミジア、淋病、梅毒など）、寄生虫性のもの（シラミなど）があります。

　一般的な症状としては、かゆみ、ただれ、発疹、異常なおりもの、おしっこをするときの痛み、体調不良などがあります。STIは、知的しょうがいのある人が他の人とセックスをしないと思われているため、見落とされることがあります。通常は自然に治癒することはなく、適切な診断とタイムリーな治療が必要です。ほとんどの検査はからだを傷つけることがなく、性の健康クリニック、開業医、若者向けのセクシュアル・ヘルス・サービス、または郵送による検査を受けることができます。あなたが住んでいる地域によって異なります。

亀頭炎

　亀頭炎は、ペニスの頭部に生じる皮膚の炎症です。包茎の人に多く見られ、包皮の下の炎症や恥垢の蓄積が原因となることがあります。ペニスに痛みやかゆみを伴うことがあり、原因を特定して適切な治療を行うためには、医師の診察が必要になることもあります。細菌感染の場合は、抗生物質が必要になることもあります。

包皮が硬い（包茎・嵌頓包茎）

　包皮が硬いことによる問題の1つは、包皮が硬すぎてペニスの頭を覆うことができないことです。これが原因で亀頭炎などの症状が出ることがあります。陰茎の痛みや炎症の原因となります。もう1つの嵌頓包茎は、包皮を引っ込めた後、ペニスの頭の上に戻ってこないものです。陰茎の痛みや腫れの原因となります。また、ペニスの一部の血流が制限されるため、緊急の治療が必要になることもあります。

不適切な衛生状態

　個人の衛生状態が悪いと、細菌感染を引き起こし、亀頭炎などの原因となります。また、暑かったり汗をかいたりすると、性器周辺の皮膚が炎症を起こしたり、かゆくなったりすることがあります。

性器への石けんの過度の使用や不適切な使用

　性器を洗いすぎたり、不適切な石けんを使用したりすると、炎症やかゆみの原因となります。誰かが外性器や膣内を洗いすぎたり、香料入りの製品を使用したりすると、細菌性膣炎やカンジダ症などの症状を引き起こす可能性があります。健康な膣は自浄作用があるので、外性器だけを洗うようにしましょう。

性毛

　性毛の成長自体は、不快感やかゆみを引き起こすことはありません。しかし、誰かがシェービング、ワックス、または他の除毛方法によって性毛を除去した場合、その後の再成長は、かゆみや不快を感じるかもしれません。知的しょうがいを含む多くの人たちは、さまざまな理由で体毛を除去することを選択するかもしれません。他の選択と同様に、私たちは、からだへの害や不快感を最小限に抑えるような選択を行うことを支援する必要があります。

きつい下着や服

　成長期を迎えたり、体重が増えたりして、下着や衣服がきつく感じたり、制限されたりすることがあります。より快適に過ごすために、定期的に下着を調整する必要があるかもしれません。

性器の外傷

　性器はからだの他の部分と同じように簡単に傷つく可能性がありますが、性器に傷がついた場合、認識して、援助を求めたりすることに抵抗があるかもしれません。性器は、ボールが当たったり、ペットの犬が飛びついたり、物理的な攻撃を受けたり、性的接触で傷つけられたりすることがあります。性器の物理的な外傷は、望まない性行為*の兆候である可能性もあります。

---

4. 要点

- マスターベーションが肯定的であるか有害であるかの判断は、人とその背景によって異なります。
- 親密な自己接触は、必ずしも性的な動機をもっているとは限りません。親密なセルフタッチをする際には、他に根本的な理由がないかどうかを常に確認してください。
- 何が肯定的か、有害か、行動を起こす必要があるかを判断する前に、セルフタッチやマスターベーションに対する自分の態度や仮説を認識してください。

---

*虐待や保護に関する懸念がある場合は、職場や地域のソーシャルケアチームの保護方針、傷つきやすい成人やケアを必要とする成人の方針に従ってください。あなたが家族の一員として懸念を抱いている場合は、地域のソーシャルサービスに内密に連絡するか、NSPCC（National Society for the Prevention of Cruelty to Children　全英児童虐待防止協会）に相談してください。状況が緊急であると思われる場合は、直ちに警察に連絡してください。
訳注：NSPCC は、1989年児童法に基づいて法定権限を付与された唯一の英国の慈善団体であり、危険にさらされている子どものためのケアと監督命令を申請することができる。ニッポンの場合は、児童相談所、障害者虐待防止センターなどへ。

5.
からだやこころの発達 ──

　子どもから大人へと発達していく過程で、ホルモンの影響により、からだやこころが変化していくことを思春期といいます。思春期は、一般的に10歳から16歳の間に起こり、多くの人がこの時期に性的行為としてのマスターベーションを始めます。時には、社会的な理解や自立の度合いがからだの発達と一致しないことがあります。中程度または重度の知的しょうがいのある青年が、時に成長スパートをかけて、短期間で子どもから若者に身体的に変化したように見えることがあります。実際には、からだの変化は徐々に起こり、観察できるかどうかにかかわらず、すべてのプロセスには数年の時間がかかります。なかには8歳で思春期が始まる子もいます。自分に何が起こっているのか理解できないと、特に月経が始まったり、予期せぬ勃起や夢精があったりして、混乱したり怖がったりすることがあるようです。

　子どもや青年が経験する変化に対して、それが起こる前に準備しておくことが重要です。自分のからだがなぜ、どのように変化していくのかを理解していれば、自分に起きていることに対する恐怖感や混乱は少なくなります。また、新しい性的な感情やそれに対応する行動をうまく管理できるようになります。思春期教育をサポートするために、多くの優れた本や資料があります。

思春期の身体的発達

- 体型が変化します。
- 性器の周囲に性毛が生えてきます。
- 脇毛など、他の体毛が生えてきます。
- 汗っかきになり、ニキビができることもあります。
- 排卵や精子の生成が始まるので、通常、妊娠しやすく、させやすくなります。

情緒の発達

- 感情の起伏が激しくなり、原因不明の気分の落ち込みが見られるようになります。
- 他者に対するロマンチックな魅力や性的な魅力が生まれ始めます。時に、他者に対する性的な魅力を感じないこともあります。
- 生活の中で自立と自律を求めるようになります。

特に思春期における女性のからだの発達

女性のからだは、主に卵巣でプロゲステロンとエストロゲンというホルモンを生成し、それによって思春期の変化が始まります。思春期、女性のからだにはいくつかの変化が起こります。

- 乳房や乳首が成長し、敏感になります。
- 膣から液体が分泌され始め、毎月の周期で色や粘度が変化します。これは正常なことで、膣を健康に保つのに役立ちます。
- 卵巣が成長し、毎月卵子を放出するサイクルが始まります。卵子は、男性の精子と受精しなかった場合、分解されて子宮の内膜といっしょに排出されます。これを生理または月経といいます。

特に思春期における男性のからだの発達

男性のからだでは、主に睾丸でテストステロンというホルモンを生成し、これによって思春期の変化が始まります。思春期、男性のからだにはいく

つかの変化が起こります。

- 睾丸とペニスが大きくなります。
- 睾丸は精子と精液を作り始め、射精することができるようになります。
- 予期せぬ勃起や夢精（寝ているときの射精）が始まります。
- 声帯が成長し、喉頭が大きく見えるようになり、声が変化して深みのある声になることが多いです。
- 顔にひげや他の体毛が生えてきます。

マスターベーションの始まり

　子どもたちが幼い頃から自分の性器を触ったり、探索したりするのは普通のことで、赤ちゃんでもお風呂に入ったりおむつを替えたりするときに自分の性器をつかみます。ほとんどの人は、思春期になると、性的快楽のためにマスターベーションをするようになるという報告があります。2009年、「アメリカ合州国の性の健康と行動に関する全国調査（National Survey of Sexual Health and Behavior）」では、14〜17歳の青年820人を対象に調査が行われました。その結果、男性の78％、女性の41％がマスターベーションをしており、マスターベーションは「個別で一過性の現象ではなく、思春期の性と生（セクシュアリティ）の重要な要素である」と報告されています（Robbins 2011）。さらに最近、2019年の『テンガ　セルフープレジャーレポート（Tenga Self-Pleasure Report）』（Tenga 2019＊）では、世界9カ国の1万人以上を対象に調査を行い、イギリスでは最大91％の人がマスターベーションをしていて、始める平均年齢は14歳であることも報告されています。ただし、これは性玩具メーカーが行った調査であり、マスターベーションは自己申告による行動であることを考えると、1つの調査で完全に代表的な結果が得

＊訳注　Tenga：安全で機能的かつ衛生的な「セクシャルウェルネス商品」の研究開発及びその販売、「性」と病気に関する正しい知識と予防法の啓発と普及、「性」に関する正しい知識、情報の普及を企業理念とした会社。ニッポンにもある。

られるわけではないことに注意が必要です。

サムは、家でも学校でも勃起するようになりました。なぜ勃起するのか、どうすればいいのかがわからず、不安を感じているようです。彼は「安心おもちゃ（ソフトトイ）」を持ち歩くようになり、不要な勃起をしたときにはそれで性器を覆い、「隠す」ようにしています。「安心おもちゃ」をいつも持っていないと不安になります。支援ワーカーは、思春期の教育を行い、サムには勃起が正常であり、しばらくすると勃起が治まることを伝えました。サムは、人前に出るときに勃起していることを隠すための別の方法を教えられました。サムは、勃起にうまく対処できるようになり、不安も少なくなったので、いつでも「安心おもちゃ」を持ち歩くのをやめることができました。

5. 要点

- 若者が思春期になるとマスターベーションを始めるのは普通のことです。
- 思春期に起こる身体的・精神的変化を認識し、何が起こるのかを知ることは、子どもや若者にとって重要です。
- したがって、思春期になってマスターベーションをしたくなる前に、適切な行動に関する「ルール」を若者に教え、理解させることが必要です。

6.

マスターベーションの方法 ──

　マスターベーションをするかどうか、またどのようにするかは、個人の好みや選択の問題です。さらにマスターベーションをするテクニックのヒントが掲載されている資料やウェブサイトがあります。しかし、インターネットで検索すると、教材だけでなくポルノもすぐに見つかるので、自分で調べさせようとする前に、誰かがまず教材をチェックしてください。ポルノは、人によっては有用ですが（18歳以上のみ）、マスターベーション用のポルノは、たいていの場合、マスターベーションをしている人の肉体的なよろこびよりも、見る人の視覚的な楽しみのために作成されていることを覚えておいてください。

　私は、マスターベーションをするのをサポートしようとしている本人とは性別が異なる専門職や親に、よく会うことがあります。私にはペニスがないので、どうやってマスターベーションを教えればいいのでしょうか？

　同じ性器をもつ人でも、さまざまな方法でマスターベーションをするでしょうし、その際に重要なのは、選択とよろこびのメッセージです。また、専門職が相手に「私はこの方法でマスターベーションをしていて、これが私には合っています」と言うのは、不適切です。「人間関係と性教育（RSE）」の中で、自分の性的行為や好みについて話すことは絶対にやめましょう。マスターベーションのテクニックの例は、常に距離を置いた第三者的な方

法で説明してください。

　もしあなたがマスターベーションの教育を行っているのであれば、以下のことが、知的しょうがいのある人に与えられる情報です。

マスターベーションをする前に

- あなたが生活している寝室や浴室のようなプライベートな場所でしましょう。
- 邪魔されずにマスターベーションをするための十分な時間を確保してください。
- 適切な環境をつくりましょう。ドアを閉め、カーテンを閉め、好みの照明を設定し、気が散らないようにしましょう。
- 潤滑剤、ポルノ（18歳以上のみ）、道具（性的玩具）などを使用してマスターベーションをする場合は、始める前に必要なものを用意しましょう。
- 体液や潤滑油を拭き取るために、ティッシュやタオルを用意しましょう。
- 性器に触れる前には手を洗いましょう。
- ドアが閉まっていることを確認し、一人の時間やプライバシーを示す表示がある場合は、それが正しく表示されていることを確認しましょう。
- あなたは、服を脱いだり、好みの服を着たりします。

ペニスと睾丸がある人たちのマスターベーション

- 手でペニスをもち、上下に動かしてみましょう。手を使って握りの強さをいろいろ試してみてください。
- マスターベーションをすると、ふつうペニスは大きくなり、硬くなります。これは勃起と呼ばれるもので、正常な状態です。もし、あなたのペニスが柔らかく、通常の大きさのままであっても、それに触れることで楽しい感覚を味わうことができます。
- 包皮がある場合は、包皮を握って、ペニスの頭の上で優しく上下に動か

すことができます。

- 手を使ってペニスの周りを動かすことで、さまざまな感覚を得ることができます。
- ペニスの頭（亀頭）には最も多くの末梢神経があるので、そこに集中して触れることができます。その感覚が強すぎる場合は、直接ではなく、ペニスの近くを触ってください。
- 人によっては、マスターベーションをするときに、睾丸を触ったり、握ったり、優しく引っ張ったりするのが好きな人もいます。
- 人によっては、マスターベーションをするときに、乳首を触ったり、優しく引っ張ったりするのが好きな人もいます。
- 仰向け、正面、横向き、座った状態、立った状態など、さまざまな姿勢でマスターベーションをしてみてください。それぞれの感じ方の違いを試してみてください。
- 潤滑剤は、快感を高めたり、痛みを軽減したりするのに役立ちます。
- ペニスのマスターベーションのための性的玩具があります（「16. 性的玩具」の章を参照）。

膣口と乳房がある人たちのマスターベーション

- 指を使ってクリトリスや膣口に触れ、手でいろいろな動きを試してみましょう。
- 膣口の周りを手で動かすと、さまざまな感覚を得ることができます。
- 膣内に先が尖ったものや危険なものを入れないようにしましょう。
- クリトリスには最も多くの神経が通っているので、そこに集中して触れてみましょう。その感覚が強すぎる場合は、直接ではなくクリトリスの近くを触ってください。
- 膣の中に指を入れることもできます。最初に試すときは、とても優しくしましょう。
- 人によっては、マスターベーション中に胸や乳首を触ったり、握ったり

するのが好きな人もいます。

- 仰向け、正面、横向き、座った状態、立った状態など、さまざまな姿勢でマスターベーションをしてみましょう。それぞれの感じ方の違いを試してみてください。
- 潤滑剤は、快感を高めたり、痛みを軽減したりするのに役立ちます。
- 外性器、膣、クリトリスのマスターベーションための性的玩具があります（「16.性的玩具」の章を参照）。

肛門へのマスターベーション

- 肛門には、その周囲や内部に多くの末梢神経が集まっています。生物学的に男性であり、前立腺がある場合は、敏感であるこのからだの部位を肛門の中で感じることができます。
- 指を使って肛門の外側を触り、手の動きを変えてみてください。
- 肛門の周囲を手で触れることで、さまざまな感覚を得ることができます。その感覚が強すぎる場合は、最も敏感な部分の近くに触れますが、直接触れないほうがよいです。
- 肛門の中に指を1〜2本入れることもできます。最初に試すときは、とても優しくしましょう。
- 潤滑剤は、快感を高め、痛みを軽減するのに役立ちます。
- 尖ったものや危険なものを肛門に入れないでください。
- 肛門用の性的玩具があります。肛門に挿入できるように設計された性的玩具のみを使用してください（「16.性的玩具」の章を参照）。
- 肛門用に設計されていないものや性的玩具は、再び取り出すのが難しく、直腸（下）の中で怪我をする可能性があります。万が一、直腸に何かが詰まってしまった場合は、医師の診断を受けることをお勧めします。
- 指や性的玩具を肛門に入れた場合は、指や性的玩具に細菌が付着している可能性があるので、その後、膣（膣がある場合）や口に入れないでください。まず、手や性的玩具をきれいに洗ってください。

終わった後

- 射精液、膣内の液体、その他の液体、潤滑剤をティッシュや手拭きで拭き取り、ゴミ箱に入れましょう。
- 手を洗いましょう。
- 衣服を整え、着替えをしたり、ナイトウェアを着たりしてください。
- 性的玩具やその他の物品を使用した場合は、適切に洗浄し、安全に保管してください。
- カーテンを開けましょう。
- 一人の時間やプライバシーのために表示を使っている場合は、ドアから外しましょう。

オーガズムを感じることができない場合

　知的しょうがいのある人たちの多くは、セックスとマスターベーションに関する良質な「人間関係と性教育（relationships and sex education（RSE））」と教材にアクセスできないので、マスターベーションをすることが難しいと感じるかもしれません。自分のからだがどのように機能しているのか、また、性的な気分になったときに何を期待すればよいのかを知らないと、自分がしていることに混乱し、時には恐怖を感じることがあります。その結果、感情的、性的な欲求不満や、身体的な痛みや怪我を引き起こす可能性が出てきます。

　以下のようなオーガズムを妨げる心理的な要因もあります。
- マスターベーションの方法がわからない
- マスターベーションに対する罪悪感や羞恥心
- 人目が気になる（特に反対する人がいる場合）
- ストレスや不安
- 過去または現在のトラウマ（例：自傷行為、虐待）

- 自分や家族の宗教的、文化的信条
- プライバシーや一人の時間がないこと
- 身体的・性的刺激の不足
- 身体的刺激が強すぎる

オーガズムを阻害する身体的要因には以下のものがあります。
- ホルモン異常
- 身体的な機能しょうがい
- 過敏症
- 病気
- 損傷
- 薬物の影響

　性的なよろこびを得るということは、どこで、どのように自分に触れるのがよいのかを学ぶプロセスそのものです。マスターベーションは普通のことであり、プライベートな場所や時間でマスターベーションをする権利があるとを学ぶことは、このプロセスの一部になります。また、解剖学やからだの機能、してもよいことについて適切な性教育を受けることも助けになります。

　オーガズムに到達できない問題の多くは、適切な潤滑剤を用意するだけで解決できます。水性の潤滑剤は、マスターベーションの快感を高め、不快感や擦れを減らします。

---

6. 要点

- 知的しょうがいのある人の中には、マスターベーションの方法を知らない人もいるでしょう。その方法を学ぶためには、明確な情報が必要でしょう。
- 人によっては、さまざまな理由でオーガズムを得ることが困難な場合があります。そのため、知的しょうがいのある人たちにとって不可能であると思い込まないでください。オーガズムを得るための障壁を減らすことができるかどうか、本人たちといっしょに考えましょう。

7.

トランスジェンダーの人たちの
マスターベーション ───

　知的しょうがいのある人たちの中にも、ほぼしょうがいのない人と同じ
ような割合で、トランスジェンダーと思われる人たちがいます。この分野
で働いている人たちも、トランスジェンダーである人たちが直面している
固有の問題について、理解していることが必要です。トランスジェンダー
であると認識している人たちは、からだとの不調和をもちがちです。それは
生物学的な性器などの性的部位とジェンダー・アイデンティティの間の不
一致によって引き起こされる「性別違和（ジェンダー・ディスフォリア）」と、
自分のからだの一部が間違っていると認識され、変えなければならないと
いう絶え間ない感情によって引き起こされる「身体醜形症（ボディ・ディス
モルフィア）」です。すべてのトランスジェンダーがこのような感情をもつ
わけではなく、性別に違和感があっても身体醜形症ではない場合もありま
すし、その逆もあります。性別違和や身体醜形症は、マスターベーション
を効果的に行うことを困難にする場合があり、「シスジェンダー*」の人に
とっても問題となることがあります。からだの部位から性的な快感を得るた
めには、そのからだの部位をある程度受け入れる必要があります。自分の

＊訳注　シスジェンダー：性別（sex）とジェンダー・アイデンティティ（gender identity）
が一致し、それに従って生きる人のこと。

性器が自分のものであると感じられなかったり、自分の性器が好きではなかったりすると、問題が生じます。

　自分のからだに触れたいかどうかを決めるのは個人の自由ですが、マスターベーションをしたいと思っても、からだの不調和がマスターベーションの楽しみを妨げていると感じる場合にこれを解消するためには、いくつかのテクニックがあります。

からだの部位への名づけなおし

　自分がもっている、あるいは望んでいる身体イメージに合わせてからだの部位の名前を変えることで、自分のからだが自分のものである認識を得ることができます。

　「人間関係と性教育（RSE）」では、解剖学的に正しい用語を学ぶことを推奨していますが、自分のからだの部位や性器に独自の呼び名をつけることを禁止するものではありません。すでに多くの人が自分のプライベートな部位に別の名前や個人的な名前をつけています。

視覚的な障壁を減らす

　服を着たまま（または半ズボン、ズボン、ナイトウェアを着用したまま）マスターベーションをしたり、服の上からマスターベーションをしたりすることで、性別違和を軽減し、可能性を広げることができます。また、布団の中や泡風呂の中でのマスターベーションは、視覚的なフィードバックによる落胆を避けるためのオプションとしてお勧めします。

手を使わないマスターベーション

　枕などに性器をこすりつけることで、性別違和や違和感を高めている可能性のある性器に直接触れることなく、快適に刺激をすることができます。

性的玩具を使う

　性器を直接手で触らず、性的玩具で触ることも効果的です。トランスジェンダーの人たちには、性別の移行の途上であるかどうかにかかわらず、専門の性的玩具があります。

8.
マスターベーション支援の
チャート図——

マスターベーションがしたくなったら

例えば寝室や浴室などで、誰も見ていなくて、そこにいない、生活しているプライベートな場所にいますか？	いいえ →	誰にも見られず、誰にも聞かれないプライベートな場所、例えば、あなたが生活している家の寝室や浴室などに行くまで待ちましょう。

はい ↓

ノックをしないで部屋に入ってくる人がいて、あなたは困るでしょうか？	いいえ →	ドアを閉めてマスターベーションをします。

はい ↓

プライベートな時間を求め、ドアに表示を貼ることはできますか？	いいえ →	プライベートな時間を求め、一緒に住んでいる人たちと、部屋に入る前にドアをノックすることに同意するか、表示でプライベートな時間を確保していることを伝えてみましょう。

はい ↓　　　　　　　　　　　　　　　　　　↓

プライベートな時間を求め、ドアに表示をして、ドアを閉め、マスターベーションをしましょう。	プライベートな時間を求め、ドアに表示をして、ドアを閉め、マスターベーションをしましょう。

9.
公的なことと私的なことと――

　この分野でうまく実践していくためには、公的なこと（パブリック）と私的なこと（プライベート*）の概念を理解することが重要です。
- からだの公的な部位と私的な部位
- 公的な場所と私的な場所と配置

からだの私的な部位

　からだの私的な部位とは、通常は下着や水着で覆われている部分を指します。あるいは、月経血、膣分泌物、精液、うんち、おしっこなどが出る部位や、人の乳房などと定義することもできます。ケアを受けている人は、ケアスタッフが性器に触ることになるので、マスターベーションの教育の中で、入浴やトイレ介助などのさまざまな場合の触れ方について説明しなくてはなりません。

---

*訳注：絵本などでも「プライベート・パーツ」とか「プライベート・ゾーン」というようにカタカナでそのまま表記されている。「自分のからだの中でもとっておきの大切なところ」ということ。こなれたニッポン語がないところが課題。個人の尊重と民主主義がからだまるごとで獲得していかないとプライベートも公共（パブリック）のありようも根づくことはない。

私的な部位は当然注意が必要ですが、それ以外の部位を自由に触っていいというわけではありません。他の部位に触れさせることに同意するかどうかは、自分の意思で決めることができます。

からだの中の公開された部位

　公開されているからだの部位とは、露出していて、他の人がはっきりと見ることができる部位のことです。イギリスでは、これらのからだの部位には、一般的に（常にではありませんが）顔と手が含まれます。腕や脚などのその他のからだの部位は、個人の選択、着用している服、天候、宗教上の服装などによって公開される場合があります。からだの公的な部位は、誰でも、または一部の人が見ることができますが、同意なしに他の人が触ることはできません。

公的な場所と私的な場所

　適切な行動について教える際には、どこが公的な場所でどこが私的な場所なのかを明確にし、一貫性をもたせることが重要です。

> 私的な場所：自分が生活している自宅、または滞在しているところの寝室（他の人と共有していない場合）、自宅の浴室。
> 公的な場所：その他の場所

　施設のようなところで暮らしていて、自宅のようないつもの生活の場から離れて滞在している場合、「あなたの寝室」とは、他の人と共有していない、寝るための寝室を意味します。

- 自宅の自分の寝室
- 施設のような場所での個人の寝室

- 短期療養ケア（レスパイトケア）時の私的な寝室
- ホテルの私的な寝室
- 宿泊施設の私的（バスタブまたはシャワー）で、ドアに鍵をかけて一人の時間を過ごすことができる場所

　これらの場所はすべて、入室とプライバシーについての合意されたルールが必要です。誰かが予告なしに、好きなときに寝室に入ってこられるようであれば、その寝室はプライベートな空間ではありません。ドアに表示を貼る、鍵のかかるドアにする、入る前にドアをノックするきまりにするなど、お互いに合意した境界線を設定しましょう。

　表示には「私的（プライベート）」と書かずに、「一人の時間」や「入る前にノックをする」など、お互いに合意したフレーズを書くとよいでしょう。これは、外出先での「プライベート」事務室や「プライベート」表示との混乱を避けるためです。

　次のようなところは、私的（プライベート）な場所ではありません。
- 学校、職場のトイレ——使用している人の声が他の人に聞こえたり、場合によっては（小便器のように）見られたりすることがあります。学校、職場のトイレでマスターベーションをしている人を許可したり、見て見ぬふりをしたりすることは不適切であり、さらには性犯罪を助長しているとみなされる可能性があります（「10. 法律とマスターベーション」の章を参照）。
- 寝室の共有（きょうだいや他者と）——寝室を共有している人は、お互いに合意した時間割とドアの表示を使って、単独で使用する時間を取り決めてください。性的パートナーと共有している寝室は、私的な場所と考えられますが、人目を気にせずに一人でマスターベーションをしたい場合は、一人で過ごす時間を交渉する必要があるかもしれません。
- 「プライベート」と表示された部屋（職場や住宅の個人オフィス）など
- 公衆トイレ——うんちやおしっこなどの私的な行為は公衆トイレで行うことができますが、これらのトイレはマスターベーションやその他の性

的行為をするのに十分な私的な空間ではありません。本人が気をつけていても、周りの人に聞かれたり、見られたりする可能性があります。また、公衆トイレでの性行為は違法です（「10. 法律とマスターベーション」の章を参照）。

- リビングやキッチンなど、共同生活をしている家族の部屋（浴室以外）——一人暮らしやパートナーとの二人暮らしの場合は、誰にも見られたり聞かれたりしなければ、すべての部屋を個室として扱うことができます。

- 誰かに見られたり聞かれたりする可能性のある場所（16歳以上であれば、同意した性的パートナー以外）。

公的なことと私的なことに関する教育については、日常の活動に組み込んで、生活全体に関わる学びを強めることがよい方法になります。教室にいるとき、旅行に出かけたとき、宿泊施設にいるとき、病院を訪れたとき、「ここは公共の場所ですか、それとも個人の場所ですか」と尋ねてみましょう。ほんの数秒のことですが、その効果は一生続くものです。

公的なことと私的なことに関する教育

公的なことと私的なことに関する教育活動は、本人やその人の行動を叱り傷つけることなく、私的な場所はどこであり、そこでマスターベーションをするというテーマにアプローチする効果的な方法です。この知識は必ず必要ですから、公的なことと私的なことに関する教育を含んでいないマスターベーションの教育は、絶対に行わないでください。適切な活動の例は、「14. マスターベーション教育の活動」の章に書いてあります。

ダンは学校のしょうがい者用トイレでマスターベーションをすることが許されており、スタッフが外に立って誰も入らないようにしています。ダンは最近、スーパーのしょうがい者用トイレで、母親が買い物をして

いる間にマスターベーションをしました。彼はドアに鍵をかけなかったので、誰かに見られてしまいました。しょうがい者用トイレは私的な空間だと教えられてきたので、彼はとても悩みました。彼の母親は、この事件をふまえ、ダンが学校でマスターベーションをしてもいいということについて、学校におかしいと伝えました。学校はマスターベーションについての方針を決め、すべてのスタッフにこの問題についてのトレーニングを実施しました。ダンは、公的な場と私的な場についての教育を受け、今では家では人目を気にせずにマスターベーションができています。

9. 要点

- 公私のルールはわかりやすく。
- 学校や職場のトイレを含む公衆トイレは、法律上、マスターベーションのための私的な場所ではなく、そこでマスターベーションをすることは違法です。
- 公衆トイレや公共の場でのマスターベーションを助長することは不適切であり、違法とみなされる可能性があります。
- 私的な場所でのマスターベーションは、人間として当たり前の行為です。
- この問題を解決するために「13. マスターベーションについての指導」で紹介するよい教育プログラムがあります。

10.
法律とマスターベーション──

　イギリスの「性犯罪法（Sexual Offences Act 2003（England & Wales）, Sexual Offences（Scotland）Act 2009 and The Sexual Offences（Northern Ireland）Order 2008）」には、性的行為に関しては明確に法律の規定があります。これらの法律は、人々を保護するために設けられており、マスターベーションを含むあらゆる性的な行為をする際に、法律の範囲内で行動することは、私たちの責任でもあります。

　この章では、イギリス国内のマスターベーションに関連するすべての法律を網羅した解説ではなく、不適切なマスターベーションをしている人が、その行為によっては犯罪者になる可能性があることを紹介します。法律の解釈により、ある人たちが誰か（特に知的しょうがいのある人たち）を告発することが公共の利益になるかどうかについては、十分な議論が必要です。しかし、私たちのケアを受けている社会的に傷つきやすい人たちが、知らず知らずのうちに困難な状況や違法な状況に陥らないようにすることは、私たち専門家や親たちの役割の1つです。また、知的しょうがいがあるからといって、規則とは無関係だととらえないことも重要です。これは、その人の自由や権利、そして周囲の人たちの権利に大きな影響を与える可能性があるからです。

　例えば「私は違法だとは思わないから、やってもいいということか」など、

法律の解釈にこだわりたくなるかもしれません。でも、常識的に考えてみてください。支援者としての自分が援助をしているマスターベーションが、他の人がやっても適切なのかどうかを自問してみましょう。もし、受け入れられないのであれば、知的しょうがいのある人たちもその行為を可能にすべきではありません。

　マスターベーションは違法ではありませんし、他の性的行為とは異なり、合法的に行うために必要な最低年齢もありません。しかし、マスターベーションを含む性的行為をするときには、いくつかの責任があり、そこには違法適法の境界線が存在します。

性に関する法律で使われる定義の一部

同意

人は、選択によって同意し、その選択をする自由と能力をもっている場合、同意とします（2003年性犯罪法）。「同意」とは、自由な合意を意味します（スコットランド性犯罪法2009年）。

「性的」とは何か（2003年性犯罪法）？

理性のある人が以下のことを考慮する場合、挿入、接触、またはその他の活動は性的である。

a. 状況や、それに関連する人の目的が何であれ、その性質上、性的なものである。

b. その性質上、性的である可能性があり、その状況またはそれに関連する人の目的（またはその両方）により、性的である。

同意する能力

スコットランド性犯罪法（2009年）第17条

精神しょうがい者は、精神しょうがいを理由に以下の1つ以上を行うことができない場合、行為に同意することができない。

a. その行為が何であるかを理解する。

b. 行為にするかどうか（または行為が行われるべきかどうか）を決定

する。

c. そのような決定を伝える。

精神しょうがい

2003年性犯罪法は、1983年精神衛生法と同じ「精神しょうがい」の定義を使用しているが、2007年精神衛生法 S1（1）により、「精神のあらゆるしょうがい」を含むように改正されている。

彼／彼（he/him）から彼女／彼ら（they ／ their）へ

2007年以前のイギリスの法律の大半は、男性代名詞である he/him で書かれている。1850年に制定された議会法（Bailey 2020）では、法律の中の男性的な言葉は「女性を含むとみなされ、またそう解釈される」とされており、男性的な代名詞（he/him）は性別に関係なく人を指すとされていた。最近の法律は「ジェンダーニュートラル」な表現で作成されているが、イギリスの性犯罪に関する法律では男性的な代名詞が使われているので、より包括的な表現にするために、中性的な代名詞に書き換えられた。

次に、マスターベーションに直接関係する行為の種類と、それに対応する法律の分野を説明します。

公衆トイレでのマスターベーション

学校やカレッジのトイレを含む公衆トイレでのマスターベーションは違法です。学校やカレッジのトイレは、一般の人が利用できるため、法的には公衆トイレと定義されています。

2003年性犯罪法（イングランド＆ウェールズ）第71条

性犯罪（北アイルランド）令2008年　第75条

公共のトイレでの性的行為

以下の場合、犯罪となる。

a. お金を払っている＊かどうかにかかわらず、一般市民または一般市民の一部が利用できる、または利用を許可されているトイレで、

b. 故意にある行為をし、

c. その行為が性的なものである場合。

公共＊＊の場でのマスターベーション

性器やマスターベーションが見られることが一般的に予想される公共の場所でのマスターベーションは、違法とみなされます。これは、その人に知的しょうがいがあってもなくても同様です。性的な意図がない場合や、ショックを与えたり不快感を与えたりするような行為がない場合、あるいは性器の露出が偶然であった場合（例えば、トイレに行った後にズボンを上げないなど）は、意図的な露出ではないとして考慮されます。

2003年性犯罪法（イングランド＆ウェールズ）第66条

性犯罪（スコットランド）法（2009年）第8節

性犯罪（北アイルランド）令2008年　第70条

露出

以下の場合に犯罪となる。

a. 故意に自分の性器を露出する。

b. 誰かに見られて不安や苦痛を与えることを意図している。

ただし、以下の状況が備わっていないときは違法とはなりません。

• 性器を露出すること

• 性的な行為をした場合

＊訳注：イギリスの公衆トイレは、基本的には有料。トイレの値段は、1回20〜50ペンス（約35円〜90円）程度の所が多く基本的におつりなしの小銭が必要。

＊＊訳注：自宅のリビングなどは公的な場、学校の教室などは公共の場とpublicを訳し分けた。

- 周りの人の同意を得ずにする行為
- 周囲の同意を得ていると合理的に判断できない状態での行為
- 性的な満足を得ている、または他者を辱めたり、悩ませたり、脅かしたりしている状況

公序良俗に反する行為 (Outraging public decency) —— 2003年刑事司法

公序良俗に反する行為とみなされるものは多岐にわたります。公衆の面前での公然わいせつ、マスターベーション、その他の性的行為（実際のものでも模擬のものでも）が含まれます。

公共の場と性的行為

屋外での性的行為は、それ自体は違法ではありません。このことが、公共の場での性的行為に関する法律を理解する上で混乱をきたすことがあります。基本的に、誰かがその人を見ることができ、その人の性的行為を目撃することで苦痛、困惑、または危害を受ける可能性がある場合、その行為は違法となります。

その人が、無関係な人に見られることはないと合理的に考え、弁明できる場所でマスターベーション（または他の性的行為）をしている場合は、違法ではありません。つまり、簡単に言えば、土曜日の午後に都市部の公園など、他者に目撃される可能性のある公共の場所でのマスターベーションは違法です。誰にも目撃されない場所でのマスターベーションは違法ではありません。この状況の合法性と起訴の可能性は、誰かがその人を見て、彼らが気分を害したり悩んだりするかどうか、そして彼らの行動が警察に通報されるかどうかに依拠しています。

知的しょうがいのある人たちとワークショップをするときは、法律のニュアンスを探る前に、公共の場や私的な場でのわかりやすいルールを徹底的に理解することをお勧めします。

公共の場でマスターベーションをしている人を許したり、見て見ぬふりをしたりすること

　例えば、誰もいない教室や学校やカレッジのトイレなどの公共の場所でマスターベーションをすることを許可したり、連れて行ったりした場合は、違法とみなされます。起訴には、若い人や社会的に傷つきやすい人にマスターベーションをさせることで、支援をする者が個人的な性的欲求を満たそうとしていたという証明が必要です。起訴された場合は、自分の性的欲求のために不適切なマスターベーションをさせたのではないと証明することが求められます。したがって、違法または不適切なマスターベーションを助長した場合、性犯罪の捜査を受ける危険性があります。

　違法性だけでなく、私たちの監督下にある人が公共の場でマスターベーションをすることを認めてしまうと、他の時間帯にも公共の場でマスターベーションをする可能性が高くなります。

　また、公的な場で日常的にこのような行為を認めていると、危険な環境を生み出すことになり、若者たちや社会的に傷つきやすい人たちのマスターベーションを助長することで性的欲求を満たす人たちから、被害を受けやすい人たちを危険にさらすことになります。マスターベーションをしている姿が視界に入ってしまい、不快感を与える可能性がある場合にも、違法となります。

2003年性犯罪法（イングランド＆ウェールズ）第17条

性犯罪（北アイルランド）令2008年　第24条

信頼された立場を悪用して、子どもに性的行為をさせたり、扇動したりする行為。18歳以上の人(A)は以下の場合、犯罪となる。

a. 故意に他者(B)をある活動に従事させたり、扇動したりする。

b. その行為が性的なものである。

c. (A)が(B)との関係において信頼される立場にある。

マスターベーションを教えたり、手伝ったりする体験型の活動

　ケアスタッフ、教師、その他のスタッフが、教育目的であっても、知的しょうがいのある人の性器を直接触ったり、手で触って性器を刺激したりして、マスターベーションをすることを助けるのは違法です。このようなことは絶対にしてはいけません。

2003年性犯罪法（イングランド＆ウェールズ）第38条
性犯罪（北アイルランド）令2008年　第52条
ケアワーカー　精神しょうがいのある人との性的行為
人(A)は以下の場合、犯罪となる。
a. 故意に他の人(B)に触れた場合。
b. その接触が性的なものである。
c. (B)には精神しょうがいがある。

2009年スコットランド性犯罪法　第46条
精神しょうがいの信頼に反する性的虐待
介護サービスの提供に携わっている者が、精神しょうがいのある人と意図的に性的行為をした、または精神しょうがいのある人に対して性的行為をした場合。

性犯罪（北アイルランド）令2008年　第44条
自己決定が困難な精神しょうがいのある人に性的行為をさせたり、煽ったりすること。
性的行為に従事させること。
以下の場合、人(A)は犯罪となる。
a. 故意に他の人(B)を引き起こしたり、煽ったりした場合。
(B)にある行為をする。
b. その行為が性的なものである。

> c. (B)が精神しょうがいのために、精神しょうがいに関連する理由で拒
>   否できない。

他の人が見ざるを得ない公共の場で
マスターベーションをする人たち

　これは違法行為ですが（「9. 公的なことと私的なことと」の章を参照）、
学校や公共の場であるトイレで、他の人が利用している場合、特に子ども
や若者が利用している場合にも当てはまります。

> **2009年性犯罪（スコットランド）法　第5条**
> 人（A）が人（B）に強要して、性行為に立ち会わせる。
> 》（B）の同意または同意していると合理的に信じることなく
> 》性的活動に従事すること。
> 》性的快楽を得るため、または（B）に屈辱、苦痛、不安を与える目的で、
> 　性的行為をする。

適用除外

　性犯罪で起訴されることを免除される状況があります。これは、専門家
が子ども、若者、弱い立場の人を保護するために助言や治療を行う場合に
適用されます。授業中の生徒の行動を管理しやすくするために、生徒に学
校のトイレでマスターベーションをさせたとしても、この免除は適用されま
せん。

> **2003年性犯罪法（イングランド＆ウェールズ）第73条**
> **性犯罪（北アイルランド）令2008年　第77条**
> 援助、教唆、または助言の例外
> 以下の目的のために行動した場合、人は子どもに対する犯罪の実行を

援助、教唆、または助言しても罪にはならない。

a. 子どもを性感染症から保護する。

b. 子どもの身体的安全を守る。

c. 子どもが妊娠するのを防ぐ。

d. アドバイスを与えることが子どもの精神的な健康を促進することであり、性的な満足を得る目的や、犯罪を構成する活動や子どもの参加を引き起こし、促進したりすることが目的ではない。

フレーザーガイドライン

　フレーザーガイドライン（BAILll.org 2020）は、イングランド、ウェールズ、北アイルランドの法律の一部であり、16歳未満の避妊と性的健康に関するアドバイス、治療、守秘義務の権利に関連しています。16歳未満の若者が、性的健康や避妊に関するアドバイスや治療を求める場合、以下の条件を満たす限り、親や保護者に知られることなく、秘密が守られたまま支援を行うことができます。

- ・提案された治療法の性質と意味を理解するのに十分な成熟度と知性をもっている。
- ・親に話すように説得され、医師が親に話すことを許可できない場合。
- ・避妊治療の有無にかかわらず、性交渉を開始または継続する可能性が高い。
- ・アドバイスや治療を受けないと、身体的または精神的な健康を害する可能性がある。
- ・アドバイスまたは治療が若者の最善の利益になる。

　スコットランドでは、1991年に制定された「法的能力に関する年齢（スコットランド）法（Age of Legal Capacity（Scotland）Act 1991」が同様の保護を定めています。

16歳未満の者で、外科的、医科的、歯科的な処置や治療について、その性質や起こりうる結果を理解する能力があると医師が判断した場合には、本人が保護者に代わって同意する法的能力を有するものとしています。

能力と性的行動

「意思決定能力法（Mental Capacity Act 2005）（MCA 2005）」は、イングランドとウェールズに住む、自分の人生に関わる意思決定の一部またはすべてを行う能力をもたない人たちを支援するための法律です。北アイルランドの「Mental Capacity Act（Northern Ireland）2016」「Mental Health（Care and Treatment）（Scotland）Act 2003」「Adults with Incapacity（Scotland）Act 2000」は共通の問題を扱っています*。

能力を評価するために、2005年の意思決定能力法では、同法に基づいて行われるすべての行動や決定に適用されるべき5つの原則を明らかにしています。

1. そうでないと証明されない限り、すべての成人は意思決定能力を有するとみなされます。
2. 意思決定できないと判断される前に、自分で決定するための実施可能な限りの支援が尽くされていなければなりません。これには、性的交渉能力評価の中で、「人間関係と性教育（RSE）」を行うことが含まれます。
3. 他者には奇妙または愚かと思われる決定でも尊重される権利があります。
4. 最善の利益——誰かのために何かを決定するときは、その人の最善の利益のために行われなければなりません。
5. 最も制限の少ない選択肢——意思能力の欠けた人のために何かを決定するときは、その人の権利と自由に関連して、最も制限の少ない選択肢でなければなりません。

また、同法では、一般的に何かに同意する能力があるかどうかを評価するために、4つの機能テストをするように定めています。それは次のような能力です。

- 意思決定に関連する情報を理解する能力
- 意思決定を行うために長く情報を記憶する能力
- 情報を評価し、比較検討する能力
- 意思決定を伝達する能力

　他者との性的行為に法律的に同意することができるためには、インフォームド・コンセントができる能力が必要です。2005年に制定された意思決定能力法では、能力があると推定されている知的しょうがいのある人たち全員が、能力評価を受けなければならないわけではありません。しかし、能力に疑問や、保護に関する懸念があったりする場合、インフォームド・コンセントを得て、性的行為をする能力についての評価には、通常、以下の項目が含まれます。

- 自分がしようとしている行為が何であるかを理解していること。
- 異性間の膣内挿入による性的行為をした場合、妊娠の危険性があること。
- 他者との性的行為には、性感染症の感染の可能性があること。
- 本人および関係者は、すべての行為に完全に同意する必要があり、いつでも同意を撤回することができること。

　2005年意思決定能力法第27条は、同意する能力がある場合、誰も他者のためにどのような性的行為をすべきか、あるいはすべきでないかを決定してはならないことを明確にしています。能力評価によって証明されたように、その人が性的行為に同意する能力をもっていない場合、その人が性的行為をするのを防ぐために行われる決定は、保護手続きの一部であり、潜在的な性犯罪を回避するためのものです。

マスターベーションについては、他者との性的接触がなく、一人で行う場合には能力に関する問題はありません。性的玩具の提供、ポルノやセックスワーカーへのアクセスの提供や使用の禁止などの決定が行われる場合は、能力の問題が適用される可能性があります。

10. 要点

- 知的しょうがいのある人が、学校、カレッジ、公衆トイレのような公共の場所、または他の一般人（特に子ども）がアクセスできる場所でマスターベーションをすることを許可または可能にした場合、性的犯罪を可能にしたり、犯したりする可能性があり、知的しょうがいのある人やあなた自身が調査や起訴のリスクにさらされます。
- 誰かが公然とマスターベーションをしたり、不適切に自分自身に触れたりすることを許すことは、法的な問題にかかわらず、そのときにこのことを理解しているかどうかにかかわらず、人の尊厳を損なうことになります。
- 自分の好きなときに好きな場所でマスターベーションをしたいという願望や衝動は、不適切なマスターベーションを目撃することなく日常生活を送るという他者の権利を無効にするものではありません。

＊訳注：意思決定能力法については、浜島恭子（2014）「人びとを判断の中心に：イギリスの成年後見制度と二〇〇五年意思決定能力法」、『福祉労働』（特集 障害者権利条約と成年後見制度の課題）（143）、32-43、児玉真美（2008）「英国の「Mental Capacity Act」」、『介護保険情報』2008年1月号、28-29が参考になる。

11.
信仰とマスターベーション――

　マスターベーションやその他の性的行為に関しては、私たちはどのように行動すべきか、あるいは行動してはいけないかについて、法的な規則（ルール）だけでなく、信仰や文化、社会的な規範（ルール）にも従っています。私たちは、これらの規範については、いろいろ異なる解釈に従うことを選択できます。各信仰や文化的グループには、こうした規範の解釈と遵守についても、範囲があります。そのため、個々の信仰には、解釈や教えの発展があり、これらが人々に与える影響の認識に応じて、マスターベーションに対して幅広い対応をとるのが一般的です。

　各信仰団体は通常、次の3つの主要な考え方があります。

1. どんな状況でも許されません。
2. 例えば、結婚前または結婚後のセックスを防ぐため、またはセックスができる配偶者と結婚できない事情がある場合など、2つの悪*のうち小さい方の悪であれば許されます。
3. 人間の正常な行動として受け入れられている、または許容されています。

＊訳注　2つの悪：禁欲と純潔

マスターベーションがからだに悪いという理由として、時にその有害性が古くから言われ続けているということがありますが、これらの有害性は神話であることが時間を経て証明されています。また、マスターベーションは人間の正常な行動であり、個人的に行う場合には、個人やより広い社会にとって身体的、精神的に有害ではないことを示すよい根拠もたくさんあります。

　さまざまな性的行為について、個人的な信念や価値観をもつことはありますが、例えば、もしある信仰がマスターベーションを許されない行為と定めているのであれば、こうした正しくない主張を支持するべきではありません。信仰の規範を支持するために、確かではない主張をしてはいけません。

　マスターベーションをしたい知的しょうがいのある人たちを支援する場合には、本人たちの身体的および感情的なニーズを、総合的に考慮することが重要です。もし私たちがマスターベーションを受け入れられないと信じているのであれば、こうした信仰は、個人的な選択であり、あくまでも信仰の中での解釈にすぎません。マスターベーションに対して一人ひとり異なった対応をとることが、支援を受ける人たちにとっても最善の利益となることでしょう。

　この章では、世界の主な宗教集団がマスターベーションについてどのように述べているかを要約します。これらは要約ですが、各信仰には幅広い考え方と対応があり、各信仰者は自分の内的な価値観や信念を最もよく反映する考え方を選択しています。

イスラム教

　イスラム教の聖典には、聖書のように特にマスターベーションについての記述はありませんが、自分の手で行うことはイスラム教では容認されない行為とされています。夫婦間でのマスターベーションは認められています。単独のマスターベーションは、「手の結婚式」と呼ばれることもあります。しかし、世界中で結婚する年齢が上昇し、性的行動に対する考え方が変わっ

てきているため、一部のイスラム教徒はマスターベーションに対する見方を変え、正常な発達段階の行動として認識しています。

ユダヤ教

タルムード＊では、男性のマスターベーションを禁止しています。その理由は、射精するまで行うと男性の精液が無駄になるからです。しかし、女性がマスターベーションをしても射精する精液がないため、女性の行為に対する公式見解はありません。人間の正常な行動を理解し、マスターベーションが人の成長に悪影響を与えないことがわかってくると、一部のユダヤ人グループはマスターベーションに対して寛大になってきました。特に、性的快楽の探求、からだについての学習、婚前交渉の防止に役立つ場合は、寛容になってきています。

キリスト教

聖書は、コーランのように、旧約聖書の『レビ記』の中でも、特にマスターベーションを罪として言及していません。しかし、キリスト教のほとんどの宗派では、次のオナンの話や、マスターベーションが欲情や不純な考えを連想させることを受けて、マスターベーションが罪であると教えています。キリスト教の中には、カトリックのようにマスターベーションを絶対的な罪とする宗派もありますが、他の宗派の中には、よりリベラルな考え方をもち、例えば婚前交渉の防止に役立つなど、マスターベーションを2つの悪のうちのより小さな悪と見なすものもあります。また、イギリス国教会のように、マスターベーションが罪であると教えないキリスト教もあります。

＊訳注　タルムード（「研究」の意）：モーセが伝えたもう1つの律法とされる「口伝律法」を収めた文書群。6部構成、63編からなり、ラビの教えを中心とした現代のユダヤ教の主要教派の多くが聖典として認めており、ユダヤ教徒の生活・信仰のもととなっている。

オナン

　マスターベーションは、キリスト教やユダヤ教では罪とみなされることが多いです。それは、旧約聖書の創世記38章にあるオナンの話が原因です。オナンの兄が亡くなり、神はオナンに兄の未亡人と結婚して子どもをつくるように命じました。もしこの関係から息子が生まれれば、彼らは法的には死んだ兄の相続人とみなされ、オナンにすべての遺産を相続させず、兄の相続分を要求することができました。子どもが生まれるのを防ぐために、オナンは「膣外射精」（現在では信頼できる避妊法として推奨されていません）を用いました。つまり、射精する前に新妻の膣からペニスを引き出し、「種をこぼして」しまったのです。この不従順さは神を怒らせ、神は彼を殺すことで罰したと言われています。オナンはマスターベーションではなく禁止行為をしました。こぼれた種や非生産的な性的行為の「罪」や、子孫繁栄のためにのみ精液を射精するのだという教えは、いくつかの宗教における包括的なテーマになっています。オナニズムはマスターベーションの別名として使われることもあります。

仏教

　仏教では、一般の人がマスターベーションをすることについての指針はありませんが、仏教の僧侶や尼僧は厳格な禁欲を求められており、これにはマスターベーションをしないことも含まれます。現代の仏教では、マスターベーションは人間の正常な性的行動であり、誰にも悪影響を与えず、強迫観念に駆られたり、性的関係の代わりに利用したりしなければ、無害であると考えられています。また、性的欲望は個人の成長や精神的な成長を妨げることがあるので、マスターベーションはその妨げになると教えられています。

ヒンズー教

　ヒンズー教では、セックスや性的行動に関することは個人の自由に任されており、マスターベーションについては、個人の行動が他者に悪影響を与えるべきではないということ以外、教えられていません。ヒンズー教では、マスターベーションやそれに関連する行動（性欲、ポルノ）が人間の個人的、精神的な成長を阻害する可能性があるため、マスターベーションは好ましくないという解釈から、人間の正常な性的行動の表現として受け入れられているという解釈までさまざまです。

支援を求める

　それぞれの信仰には、マスターベーションに対するさまざまな感情や見解がみられます。もし、個人や家族、専門家が自分の信仰のためにマスターベーションをする権利について悩んでいる場合は、それぞれの信仰の中でさまざまな人たちに支援を求めることをお勧めします。私の経験では、ほとんどの信仰の指導者は、文化的な規範よりも、その人の健康と幸福を優先します。

---

11. 要点

- 異なった信仰には、それぞれマスターベーションについてもさまざまな見解があります。
- どのような信仰であっても、弱者の権利を侵害してはなりません。
- 自身の信仰や文化の中で、さまざまな情報源から情報や支援を得ながら、マスターベーションに対する自身の価値観や倫理観を育んでください。

12.
学校で行われる
「人間関係と性教育(RSE)」――

　性教育または性と人間関係の教育は、現在、居住地や職場によって、「人間関係と性教育（RSE）」―「人間関係と性と生の教育（RSE）」―「人間関係、性の健康と親になること（RSHP）」と呼ばれていますが、地域によって異なります。

　これまでの「人間関係と性教育（RSE）」（以下「RSE」）は、予定外の妊娠や性感染症など、パートナーや複数の相手とセックスをすることで起こりうる「悪いこと」の阻止に主眼が置かれていました。また、ほとんどが異性愛に基づくものであり、一夫一婦制以外のセックスはより危険であるというような、人間の性と生に対する古い価値観や態度を強化するものでした。優れた「RSE」は、人間の性と生を総合的にとらえ、成長の過程における身体的、感情的、社会的な側面、身体意識、ジェンダーや性的アイデンティティ、友人関係、性的関係、生殖、そして幅広い性的健康について学びます。

　「RSE」の目的は、子どもや若者が安全で充実した楽しい人間関係を築き、自分の性と生の健康と幸福に責任をもつために必要な情報、技能、価値観を身につけることです。生殖に関する選択をコントロールすること、性感染症を避けること、同意を理解し行使すること、暴行や虐待などの性犯罪のような有害な行動を減らすことなど、健全な行動に貢献することを目指しています。また、質の高い「RSE」は、子どもや若者が自分のからだや健康について情報を得る権利を満たします。

　最近、イギリスの小中学校で行われている「RSE」は目覚ましい発展を

遂げています。子どもや若者の人生にとって大切なものであると認識され、カリキュラムの中でより強力な部分を形成しています。イギリスでは、教育、「RSE」も、4つの国ごとに分権化された分野であり、それぞれの国によってこのテーマへの取り組み方は若干異なります。しかし、すべての国において、学校における「RSE」法は、知的しょうがいのある子どもや若者が、地域の通常の学校に通っているか、特別な教育的ニーズのある学校に通っているか、追加的な学習ニーズのある学校に通っているかを問わず、包括的なものとなっています＊。

北アイルランド─「人間関係と性と生の教育（RSE）」

　北アイルランドの小中学校では、「人間関係と性と生の教育（RSE）」が法定化されており、カリキュラムの内容に関する指針が示されていますが、学校には独自の RSE プログラムを策定する権限があります。また、学校は、学習者にどのように RSE を実施するかを定めた RSE ポリシーを策定することが義務づけられています。理科以外の RSE の授業から子どもを退出させる法的な親の権利はありませんが、学校は親の希望を考慮するように求められています。

スコットランド─「人間関係、性の健康と親になること（RSHP）」

　スコットランドでは、「人間関係、性の健康と親になること（RSHP）」教

＊訳注：イギリスでは、「しょうがいのある子ども」とはいわず、「特別な教育的ニーズがある子ども」という認識を基礎にしている。インクルーシブ教育については、「特別な教育的支援の必要性がある子どもが、可能な限り通常の学校で教育を受ける」だけでなく、「カリキュラムや学校生活において仲間といっしょに十分に活動すること」と定義。特別支援学校に通うには重度の障がいがあるいう判定書が必要。子どもが教育目標を達成するには、さらなる特別なサポートが必要と判断された場合、医師や外部の教育心理学者、障がいの専門家たち、さらに地方教育局などと特別なサポートを専門とする学校への通学などが検討されるというシステム。通常と訳したがメインストリームのこと。

育は「卓越のためのカリキュラム（the Curriculum for Excellence）＊＊」の中の「健康と福祉」のセクションの重要な部分を構成していますが、現在は義務化されていません。しかし、ほとんどの学校では RSHP を実施しています。保護者には科学以外の RSHP から子どもを引き離す法的権利はありませんが、要求することは可能であり、学校は保護者の希望を尊重することが推奨されています。スコットランド政府は、RSHP のウェブサイト（www.rshp.scot）で、追加支援が必要な生徒のための支援のアイデアやリソースを紹介しています。

ウェールズ ─「性と人間関係の教育（SRE）」と「人間関係と性と生の教育（RSE）」

　ウェールズでは、「性と人間関係の教育（SRE）」は、現在、すべての中等教育の生徒を対象とした基本カリキュラムの一部として義務づけられていますが、カリキュラムの内容に関する指導は義務づけがありません。保護者は現在、理科以外のカリキュラムである SRE を子どもに受けさせない権利をもっています。小学校は SRE を実施することができますが、すべての学校は SRE を実施するかどうかにかかわらず、SRE ポリシーを作成しなけ

＊＊訳注　卓越のためのカリキュラム（the Curriculum for Excellence）：スコットランドは、新たなカリキュラムである CfE をもち、2010 年から順次実施を進めている。CfE は、3 歳から 18 歳に至るまでの一貫性、職業教育など関連する政策分野を含めたカリキュラムの統合性、職業資格などに結びつく教育成果の可視的な評価、授業構成における学校と教員の裁量の大きさ、正規教員に加え幅広い教育者および関係機関によるカリキュラム運営の促進、あるいはアクティブ・ラーニングとの関係の深さなど多くの特徴がある。この教育政策全体の目的は、「児童生徒が、学習、生活、仕事のための技能を含め、21 世紀における生活に必要な能力と特質を身につけるのを支えること」とされている（Education Scotland 2018）。
　Education Scotland（2018）What is Curriculum for Excellence?　Livingston: Education Scotland. https://education.gov.scot/scottish-educationsystem/policy-for-scottish-education/policy-drivers/cfe-（building-from-the-statement-appendix-inclbtc1-5）/What%20is%20Curriculum%20for%20Excellence?

ればならず、保護者にはこれを見る権利があります。

　2022年9月までに、RSE は初等・中等教育のすべての学校（ただし、最初は初等教育から）のカリキュラム全体で教えられるようになり、必須のRSE に含まれるべきテーマを定めた施行規則（Code of Practice）によって指導されることになります。保護者が RSE の授業を子どもに受けさせない権利はなくなります。

イングランド――「人間関係と性教育（RSE）」

　2020年、イングランドのすべての中学校で「人間関係と性教育（RSE）」が義務化され、すべての小学校で「人間関係教育（RE）」が義務化され、学校が独自のカリキュラムを計画するためのガイダンスが用意されました。保護者には子どもを RE から離脱させる権利はありませんが、子どもには、16歳の誕生日の3学期前までに希望すれば、科学以外のカリキュラムである RSE からの離脱を要求する権利があります。同時に、子どもは親の同意なしに RSE への復帰を希望することができます。

提供方法の多様性

　イギリスの4つの国の中でも、通常の学校と追加的な学習が必要な生徒のための学校の両方で、「人間関係と性教育（RSE）」がどのように行われているかについては、多くの違いがあります。優れた RSE は、学習者のニーズに合わせて調整されるべきであり、その結果、学習者の年齢と発達能力に適したものとなります。科学的知識や「個人と社会と健康教育（PSHE）」のカリキュラムを年齢に応じてそのまま提供するだけでは、追加の学習が必要な知的しょうがいのある若者には、理解できません。そして、RSE の範囲内の重要なトピックを見逃してしまうことになります。例えば、受胎（精子と卵子の出会い）や生殖については知っていても、性的行為やセックスとは何かを知らず、精子がどのようにして卵子にたどり着くのかを知らない子どもたち

や若者たちといっしょに、ワークショップをすることがよくあります。

　イギリスでは、一般的に、成長、思春期、解剖学についてしっかりとした教育が行われていません。知的しょうがいのある若者は、男の子が勃起することや、夢精をすることを知らないのが普通です。女の子は、膣からおしっこが出ると信じていることが多く、クリトリスのことを聞いたことがありません。優れた基礎教育は、若者が自分のからだと思春期に起こる変化の理解に役立ち、その結果、現在および将来にわたって自分のからだを管理し、尊重するためのよりよい準備となります。また、優れた RSE は、弱い立場にある若者を虐待から守るのにも役立ちます。

　自分のからだの境界、からだのどの部分がプライベートなのか、誰が触っていいのか悪いのかを知っている子どもや若者は、虐待のターゲットになりにくく、従わないちからもあります。そして、最悪の事態が発生した場合でも、虐待の事実を伝え、必要な支援を受けることができる可能性が高まります。

　知的しょうがいのある若者に RSE を提供する際のポイントは、生活年齢だけではなく、若者の発達能力や認知能力（学習年齢と呼ばれることもある）に焦点を当てることです。私は、「人間関係と性教育（RSE）」が「年齢」に応じたものであるべきだということに全面的に同意しますが、身体的にも発達に応じたものでなければなりません。もし、ある青年が6歳児と同じような教育的認知レベルをもっていても、思春期を迎えて勃起しているのであれば、これは話し合う必要がある課題になります。

---

12. 要点

- 知的しょうがいのある子どもと若者には、良質で包括的な「人間関係と性教育（RSE）」を受ける権利があります。
- 親は子どもの学校の「人間関係と性教育（RSE）」方針にアクセスする権利があります。
- 「人間関係と性教育（RSE）」は、生徒の年齢と発達能力に合わせて行われるべきです。

13.
マスターベーションについての
指導──

　あなたの子どもや知的しょうがいのある人が、マスターベーションについての教育や情報を必要としていることに気づいたとします。この章では、こうしたプロセスを関係者全員にとってやさしくて安全なものにするための、いくつかの基本的なステップを説明します。マスターベーションは、最初は話しにくい話題かもしれません。大人になってから受けた社会的なメッセージをふりかえり、こうしたメッセージがマスターベーションを正常で自然な性的行動と見なすのに役立っているかどうかを考えてみるとよいでしょう。マスターベーションに関する否定的な自分の見解を、知的しょうがいのある人たちが幸せで健康的な生活を送るために与えられるべきマスターベーションに関するメッセージから、切り離すようにしてください。

　多くの親や実践者は、特に16歳以下の若者とマスターベーションについて議論することが適切かどうかについて、疑問をもっています。マスターベーションをテーマにした指導をしてよいのでしょうか？　こうした学びの支援は許されていますし、そうすることをお勧めします。しかし、よい実践のためには、まず一定の事柄を整理しましょう。

違法ではありませんか？

　教育とは、学習、知識、技能、理解を深め、これらを応用することと定義できます。年齢に応じた適切な教育を提供することは合法的であるだけでなく、1998年の人権法にも明記されています。また、フレーザーガイドラインと2003年性犯罪法では、専門家は若者や弱い立場にある大人に対して、本人たちの「最善の利益」になる限り、信頼性の高い性の健康教育、アドバイス、治療を行うことが許されることが明記されています。本人たちの「最善の利益」には、誰かが自分や他者を傷つけるのを防ぐためのアドバイスや教育も含まれます。もちろん、親が子どもに人間関係や性に関する話題で話すことも違法ではありません。

あなたもマスターベーションしていますか？
──個人的な質問をされたときの距離の取り方

　自分がマスターベーションをするかどうかを語らなくても、マスターベーションについて話すことは十分可能です。マスターベーションをするかどうかを聞かれたら、「それは興味深い質問ですが、私は私生活について話すためにここにいるわけではありません」のように答えることができます。距離を置くテクニックを使って、一般的なマスターベーションについて探究してみましょう。自分の経験を話すことは不適切なのでお勧めしません。しかし、適切な解決策を講じるためには、子どもやクライアントの個人的な経験を分析する必要はあるかもしれません。

ニーズ評価

　何を提供する必要があるのか、どのような介入が必要なのかを計画して始める際には、まずはニーズ評価を行うべきでしょう。これは重要なステップです。それは、知的しょうがいのある人と話し合うような簡単なものから、

アンケートを利用して、その人とその家族、学校、カレッジ、その他の関係するスタッフと相談するような包括的なものまであります。あなたのニーズ評価は、知的しょうがいのある人たちがマスターベーションについて何をすでに知っているか、彼らにとって知識と理解のギャップは何かを示します。例えば、マスターベーションに関するルールは知っているが、行うためのプライベートな場所がない、プライベートな時間を求める自信がないなど、支援を必要とする基本的な情報も明らかになるかもしれません。また、親の考え方、文化的なルール、スタッフの価値観、きょうだいとの同室など、マスターベーションをする上での他の障壁は、本人以外にあるかもしれません。

ニーズ評価の方法は以下の通りです。

- 個人またはグループでの話し合い（資料あり、なし）
- 質問票（紙またはオンライン）
- 知識や価値観のつながりぐあい
- ゲームやエクササイズ

ニーズ評価を行うことで、どのような教育や情報が必要であるかがわかります。また、自分や他の人の価値観に基づいた推測を避けることができ、いっしょに活動している人やグループに合わせて情報を提供することができます。

あなたが専門家であれば、ニーズ評価の結果を上司やチームに知らせて、本人やグループのためにオーダーメイドの教育対応を設計する支援を求めるために使用することもできます。あなたが親であれば（親は常にニーズ評価を行っていますが、普段はそう呼ぶことはありません）、重要な情報の見落としを防ぐことができますし、子どもといっしょにこの話題を温めていく機会にもなります。「マスターベーションについてどんなことを知っていますか？」は、議論のきっかけとして最適です。

設定

　教育セッションを行ったり、マスターベーションについて話し合ったりするためには、安全な空間をつくることが重要です。邪魔される心配がなく、リラックスできるようなプライベートな空間でなければなりませんが、一人でこうした取り組みをしている場合には、必要に応じて支援を得られるように、他のスタッフが近くにいなければなりません。ファシリテーターや参加者が話を聞かれたり、邪魔されたりすることを心配していては、マスターベーションのようなデリケートなことについての教育セッションを行うことはできません。必要であればドアに表示を貼り、予期せぬ妨害があった場合にはセッションを中断し、一定の間隔で参加者の気持ちを確認し、セッションをより快適にするためにはどうすればよいかを尋ねてください。

　親が子どもにマスターベーションについて話すときは、車での移動中、洗濯中、テレビを見ているとき、散歩中など、別の作業をしているときにこの話題ニーズに触れると、不快感が軽減されることが多いです。難しい話をするときは、顔を合わせていないときの方がスムーズに進みます。しかし、これは誰にでも有効な方法ではないので、話す時間をつくり、その間は気が散らないようにすることが大切です。

　いくつかのポイントをご紹介します。

- 気が散らない静かな場所で行います。
- セッション中、他の人があなたの邪魔をしないことを確認します。
- 携帯電話はマナーモードにして、誰の目にも触れない場所に置きます。
- セッションを始める前に、必要な教材が手元にあることを確認します。
- 例えば、「30分間、マスターベーションについて話し合う」というように、何をするのかを明確にしておきます。

　オンラインで教育セッションを行う場合、安全な空間をつくることも同様に重要です。始める前に、安全でセキュリティがしっかりとしている「デジタルプラットフォーム*」を使用していることを確認する必要があります。

関係者全員が、他の人（特に子ども）に聞かれない場所にいなければなりません。誰かが知的しょうがいのある人たちのオンラインセッションへのアクセスをサポートしている場合、本人たちに効果的にサポートできるように、何が期待されているのかについて最初に説明される必要があります。ヘッドフォンを使用することで、配信の一部を非公開にすることができます。また、音声をミュートする方法を知っていれば、話していないときに不要なノイズを遮断することができます。

ワークショップへの参加の同意

　基本原則やグループワークの契約としても知られるワークショップへの参加の同意は、グループワークで試行錯誤されてきた手法ですが、一対一のワークでも同じように機能します。参加者やファシリテーター、あるいはその両方に恥ずかしい思いや不快感を与える可能性のあるデリケートな話題を扱うときには、非常に有効です。ワークショップへの参加の同意とは、相互に合意した基本的な境界線とプロセスを設定することです。マスターベーション教育のためのワークショップへの参加の同意には、以下のような点が含まれます。

- 安全な空間──マスターベーションについて話し合うための、他の人（他のスタッフや家族）に邪魔されたり聞かれたりしないようなプライベー

＊訳注　デジタルプラットフォーム：統一的な定義はない。「情報通信技術やデータを活用し、利用者間を結びつける『場』を提供するサービスの総称」（安井武彦）。「情報通信技術やデータを活用して第三者にオンラインのサービスの『場』を提供し、そこに異なる複数の利用者層が存在する多面市場を形成し、いわゆる間接ネットワーク効果が働くという特徴を有するものをいう」（公正取引委員会）
安平武彦「デジタルプラットフォームをめぐる規制の到達点と実務（1）」NBL1194、公正取引委員会・2019年12月17日付け「デジタルプラットフォーム事業者と個人情報等を提供する消費者との取引における優越的地位の濫用に関する独占禁止法上の考え方」。

トな空間です。セッションには十分な時間をとり、快適な空間を確保してください。

- 尊重――お互いに異なる意見をもつ権利を尊重し、敬意のある言葉を使い、異なる経験を尊重しましょう。
- 守秘義務――個人情報を尊重すると同時に、必要に応じて「安全な防御（セイフガード）」を理解し実行しましょう。
- 参加――自発的に参加し、自分の感情に責任をもち、必要に応じて休息時間をとりましょう。
- プライバシー――性的行為は私的なものであり、親やスタッフは自分の性的行為について話しません。
- 汚い言葉――セッション中、文脈上、汚い言葉は許されますが、他の人に使わないようにしましょう。
- 触れること――セッション中、自分のプライベートな部分に触れることはできません。また、同意なしに他の人に触れることもできません。
- 質問――質問は可能ですが、親やスタッフはあまりにも個人的な質問には答えないようにしましょう。また、知的しょうがいのある人も個人的な質問に答える必要はありません。
- 笑うこと――マスターベーションについて話しているときに、ちゃかしたり、笑ったりしてもかまいません。性的行為は楽しいものであるべきで、それについて話すことは面白いことです。

親がマスターベーションについて教える場合、どこから始めるべきでしょうか

よい知らせとしては、ほとんどの子どもや若者が、大人になること、性や人間関係について親や家族から学びたいと言っていること、そして、そういった子どもたちはこれらの問題について親や家族にはより安心して話しているということです（Sex Education Forum 2011）。親、ケアスタッフ、その他の家族は、子どもたちにとって主要なロールモデルとなります。性と関係

に関する教育は、家庭、学校、地域社会が協力して行うのが最も効果的であることを示す根拠があります。

幼児期からの取り組み

　公的な場にいるときに、自分の性器を触らないように幼児におねがいをしているのであれば、すでにマスターベーション教育の旅を始めていることになります。性器を触ることについての意識的、無意識的なメッセージは幼少期から始まります。みんなの前や食事時に家族の前で、性器を触らないようにおねがいするのはもっともなことですが、それに続いて、一人でいるときには寝室で触ってもいいよ、と言うことはやさしいです。自分の性器を自分のものとして認識し、自分のからだを見たり触ったりすることを、恥ずかしいと思わないようにするのが大切です。

　私は多くの若者たちとワークショップをしてきましたが、本人たちはからだを洗ったりトイレに行ったりするとき以外に、自分の性器を見たり触ったりすることを嫌がります。自分の性器を恥ずかしいと思うと、自分を適切に管理したり、必要があれば医療機関に相談したり、自分でマスターベーションをして性的快感を得たり、いつかパートナーと性的快感を得たりすることが難しくなります。また、性器に触れることを恥ずかしいことだと思い込んでいると、ネガティブな経験を秘密にしてしまったり、助けを求める方法を知らなかったりして、虐待を受けやすくなります。助けを求める方法がわからなくなってしまうからです。

　大人になってからの、人間関係、セックス、マスターベーションについての話題は、幼い頃からの日常的な会話がもとになります。子どもたちがすでに知っていることや友達が知っていることを聞いて、質問に答えてあげてください。ここで重要なのは、少しずつ何度も話し合うことです。少しずつ会話をして、公私の区別、同意、自分と他者を尊重することなどの重要なメッセージを定期的に繰り返し伝えましょう。

思春期の兆しが見えたら始めましょう

　思春期の身体的・精神的な成長の兆しをきっかけに、親や支援者が成長や人間関係、性的行動について話し合いを始めることがよくあります。しかし、「話し合い」をしたからといって、それが理解され、マスターベーションの話題が取り上げられているとは限りません。思春期を迎えると、本人が情報を得るのに十分な年齢になるまで、人間関係や性についての話し合いや教育を放置してしまいがちです。しかし、子どもたちの思春期を迎えるスピードはそれぞれ異なりますし、身体的な成熟と精神的な成熟は必ずしも同時ではありません。学校でも家庭でも、人間関係や性教育は、子どもや若者が、月経が始まったり、夢精があったりするようなからだの変化や、予期せぬ感情や気分の落ち込みに囚われることのないように、これから起こることに対して事前に十分な準備をしてから行うのが最も効果的です。

　しかし、知的しょうがいのない子どもや若者の親でも、子どもとマスターベーションに関して話し合わないことが多く、子どもがこの行動に関する社会的な手がかりを自分で得ることができると考えているのが普通です。そのため、マスターベーションについての情報は見逃されがちです。家庭や学校で人間関係や性教育を受けたときに、マスターベーションについて誠実で有益な教育を受けたかどうかを思い出してみてください。

　大人になること、人間関係、セックスなどのあたりまえのことを話さないために、知らず知らずのうちに家庭の中でこれらの話題について「沈黙の文化」をつくってしまいます。話題にしなければ、子どもや若者は、家庭で話すべきではないという裏のメッセージを受け取ってしまいます。もし、子どもたちが何か疑問や問題を抱えて相談したいと思っても、どこに相談すればいいのでしょうか。性について話してくれる人を探すかもしれないし、その人が安全で適切な人ではないかもしれないので、予期せぬ危険性を生むことになります。

　知的しょうがいのあるティーンエイジャーの親たちの多くは、さまざまな理由で困難な状況に陥っています。通常、主な理由は、日々の子育てに追

われ、思春期や大人になってからのことを考えると、現在の自分がもつ知識では対応しきれないからです。しかし、大人になっても、人間関係やセックスについて話し始めるのに遅すぎたり早すぎたりということはありませんし、私たちは常に何かに依拠しつつ、学ぶことができます。私の経験では、知的しょうがいのある若者は、知的しょうがいのない若者のように、このトピックについて恥ずかしいと思う傾向はあまりありません。本人たちは、マスターベーションのような問題を、知的しょうがいない若者たちが生育歴の中で手にしてきたこうした行動が否定的であるという価値をもつことがなく、伝えたことをそのまま受けとめるでしょう。

効果的な会話のきっかけには、次のようなものがあります。
- マスターベーションとは何か知っていますか？
- 学校でマスターベーションについての授業を受けたことがありますか？
- 友達と行為について話したことがありますか？　友達はそれについて何と言っていましたか？

知的しょうがいのある若者の親たちは、彼らが何を知っていて、何を知らないのかを決めつけないで、本人たちに明確に伝える必要があります。教育セッションでは、理解の幅が非常に広いことがわかります。ほとんど何も知らない若者もいれば、セッション後に用語や情報を自分で検索して、私たちが実践内容を更新しなければならないような詳細な知識を得ている若者もいます。

若者が何を知っていて、何を知らないのかを常に確認し、そこから作業を進めるようにしてください。例えば、勃起していても、それが普通のことであることや、なぜ勃起するのかを知らない場合があります。

子どもが大人になってから始めること

私たちのからだ、人間関係、セックス、マスターベーションについて学

び始めるのに遅すぎることはありません。学校で性教育を受けたことのない知的しょうがいのある大人が、思春期や自分の性機能、生殖機能についてほとんど知らないというのはよくあることです。私が10代以上の若者や大人とワークショップをするときに大切にしていることは、彼らがすでに知っていると決めつけないことです。もう一度、ニーズ評価を行い、基本的なことから始めることを恐れてはいけません。

　例えば、「からだの感覚（Body Sense）」の「性の知識と行動に関するアセスメント・ツール（Sexual Knowledge and Behavior Assessment Tool）*」のように、性的行為に関する知識と理解のチェックリストがあります。これらは、あなたのニーズ評価の有用な出発点となりえますが、これらのチェックリストは、教育と学習のために必要な範囲を特定するためのものです。単なる官僚主義的確認手続き（ick-box exercise）ではありません。私は、知的しょうがいのある若い本人たちとワークショップをしたことがあります。本人たちは、「はい、セックスとは何か知っています」と言い、「いっしょに寝ること」や「誰かとベッドに入ること」だと言いますが、それらの用語について説明を受けていないので、実際にはそれらが単にセックスの婉曲表現であることを知りません。文字通りの意味としてしか認識していないのです。

　このテーマについての教育を受けたことがない人に、人間関係と性教育の旅をさせるのは、大きな責任を感じるかもしれません。しかし、人間関係や性教育はプロセスであり、一度だけの話ではないことを忘れないでください。話し合いには時間をかけ、本人たちが質問する機会を設け、理解度を確認し、定期的に重要なポイントを取り上げて理解を深めるようにしましょう。あなたが課題テーマを普通に扱い、自信をもってアプローチすれば、知的しょうがいのある人が選択することのできるアプローチのモデルとなり、本人たちに必要な学びの課題が自然と簡単に見つけられるようになります。

　そのときには気づかないかもしれませんが、あなたが教えているときに最

＊訳注：www.bodysense.org.uk にある。

も重要なことは、知的しょうがいのある人たちは、信頼できる誰かとこのようなことについて話し、質問をし、必要であれば助けやサポートを求めることができる機会があるということです。

大人になってからの会話のきっかけには、次のようなものがあります。

- あなたが学校やカレッジに通っていたとき、性教育を受けましたか？ 受けた場合、どのようなことを学びましたか？
- 受けていない場合、学校やカレッジでどのようなことを学ぶべきだったと思いますか？
- あなたは友人と、からだの成長やからだの変化について話をしますか？ マスターベーションの話をしたことがありますか？
- 私が昨晩観たテレビ番組の中で、誰かがマスターベーションについて話していました。マスターベーションとは何か知っていますか？

マスターベーション教育プログラムの開発

「人間関係と性教育（RSE）」やマスターベーションに関する教育プログラムは、参加者が、論理的な順序で知識や理解を深める機会が与えられ、質問をする時間を設けながら、発展的かつ反復的に行われることで効果が高まります。発展的なマスターベーションのプログラムには以下のようなものがあります。

1. 自己紹介──自分自身を知り、なぜ私たちがここにいるのかを知ります。あなたはすでにどんなことを知っていますか？ ワークショップに関する合意を形成し、安全だと感じるためのワークを行います。
2. からだの部位──パブリックなからだの部位とプライベートなからだの部位。私たちのプライベートなからだの部位はどこですか？ これらはどんなはたらきがありますか？ 私たちは自分のからだの部位をどのようにケアしていますか？ 一人でできないときには、どのようにして助

けを求めることができていますか？

3. 公的な場所と自分だけの場所──どの場所が公的で、どの場所が私的なのかわかりますか？

4. 公的な場での行動と私的な場での行動──どのような行動が公的な場で可能で、どのような行動が私的な場でのみ行われるべきなのでしょうか？

5. マスターベーション──マスターベーションとは何ですか？　どのように話せばよいのでしょうか？　あなたはそれについてどう感じますか？　人はどうやってマスターベーションをするのでしょうか？　私たちは何を知る必要があるのでしょうか？

6. 私の権利──あなたにはプライベートで何をする権利がありますか？　どうすれば、あなたがこれらの権利を行使できるようになりますか？

7. 結論──私たちは何を学んだのでしょうか？　今後、他にどのようなことを学ぶことが必要でしょうか？　私たちはこの時点からどのような行動をとることができるのでしょうか？　誰が助けてくれますか？

　このプログラムの例を見てもわかるように、いきなりマスターベーションの問題に取り組むことはお勧めしません。プログラムは、論理的な順序で配置されており、からだの部位や公私の場所に関する情報が最初に取り上げられています。これにより、学習者に文脈を与え、マスターベーションに関する情報を適切なタイミングで提供することができます。これはあくまで提案された順序であり、ニーズに応じたプログラムは常に最もちからがあります。ニーズ主導型のプログラムは、個々の学習者に特有なニーズを満たすことができるからです。

チームアプローチ VS 単独アプローチ

　あなたが専門家であろうと親であろうと、「人間関係と性教育（RSE）」やマスターベーションに関する教育を行う際には、幅広いチームのサポートが

不可欠です。このテーマの性質上、興味深く挑戦的で新しい状況が常に発生するため、他の人たちからのサポートや指導を求めることは健全なことです。専門家であれば、職場でのスーパーバイズ・セッションや、チョイス・サポート（Choice Support）社が運営する専門家のためのサポーティッド・ラビング（Supported Loving）ネットワークなどの実践支援ネットワークを通じてサポートを受けることができます（https://www.choicesupport.org.uk）。

　私の経験では、マスターベーションに関してうまく管理されていない場合のほとんどは、誰かが一人で状況を管理しようとしているときに起こります。単独アプローチになっているのです。誰もチェックしてくれる人がいないと、基本的なミスを犯しやすく、稚拙な実践や個人的な価値観が生まれ、クライアントと自分を危険にさらすことになります。他の人と仕事を共有することで、不適切な業務を完全になくすことができますし、将来的に不測の事態や困難な状況が発生した場合に備えて、責任を共有することにもなります。

　また、自分の安全を確保するだけでなく、実践を共有することで（もちろん秘密は守らなければなりませんが）、自分の提供するサービスが洗練され、サポートされることにつながります。

13. 要点

- 安全な空間をつくりましょう。
- 本人の知識を確認するために、ニーズ評価を行いましょう。
- 常に基本的なことから始め、先入観で実践しないようにしましょう。
- 肯定的なロールモデルとなりましょう。
- 学習する本人の快適さ、学習状況、知識や理解のギャップを頻繁にチェックしましょう。
- 仕事を分担し、周りの人にサポートを求めましょう。

14.
マスターベーション教育の
活動——

　この章では、私がマスターベーション教育に使用しているいくつかの活動例を紹介します。これらは試行錯誤の結果生み出されたもので、マスターベーションや個人的な行動に関する日常的な問題や、幅広い問題を探究するのに役立ちます。前の章で説明したように、ニーズ評価を忘れないようにしてください。これらの活動のほとんどは、テキストを視覚的なイメージや口頭での情報に置き換えることで対応することができます。また、活動は、あなたが支援をする人たちの最も重要な課題に焦点を当てて凝縮することも、あなたの組織で発生する可能性のある状況に応じて拡張することもできます。

　巻末には、お勧めの教材とその入手先が掲載されています。これらは、親や専門職のためのものです。また、知的しょうがいのある人がマスターベーションを探究するために自分で使用できる教材もあります*。

　多くの場合、教材を購入する予算はあまりありませんが、心配しないでください。独自の活動や資源を作るのは簡単ですし、手作りの教材は、一律のアプローチではなく、その人のためだけに作られているので、知的しょうがいのある人たちのニーズをよりよく満たすことができます。

＊訳注：巻末の教材（Resources）についてはすべて英語の教材であり訳出しなかった。

解剖学的な模型について

　コンドーム装着用の模擬ペニスや性的玩具は、マスターベーション教育を行う際に、ペニスや女性器の代わりに使用することができます。また、工作用の生地や乾燥させた粘土を使って、自分で模型を作ることもできます。性と生殖の解剖学についての教育セッションで粘土を使うと、からだの部位の機能と正しい名前を教えるのに役立ちます。また、服の上から使用することで、マスターベーションについてより深く考えることができます。

　2003年の「性犯罪法（Sexual Offences Act）」では、精神しょうがいのある人たちを性的行為に従事させることが違法であると明確にしています。そのため、私たちは、本人たちのからだを使って直接マスターベーションを教えたり、本人たちのペニスや女性器に手を添えて教えたりすることはありません。専門家と知的しょうがいのある人たちそれぞれに、明確な境界線を設定する必要があります。

　もし誰かが、服の上から見せられて、効果的なマスターベーションの方法を十分に連想できないときは、彼らのからだを直接見せようとは思わないでください。ケア計画にある親密なケアを行わない限り、ペニスや女性器に触れないでください。本人たちが積極的にマスターベーションをしているときに、手を置いたり、指示を与えたりしないでください。これは、職業上および法律上の境界を越えており、あなた自身が懲戒処分や起訴される危険性があります。

　精神しょうがい（知的しょうがいなど）のある人に意図的に性的に触れることは、2003年の「性犯罪法（Sexual Offences Act）」で違法とされています。

第38条、ケアワーカー：精神しょうがいのある人との性的行為
精神しょうがいのある人との性的行為
人（A）は 以下の場合、犯罪とみなされる。
a. 故意に他の人（B）に触れる。
b. その接触が性的なものである。

c. (B)には精神しょうがいがある。

討論とグループ活動

【マスターベーションと集団発想法（ブレインストーム）】

　「ジュシー（Jiwsi）*、メル・ガッド（Mel Gadd）とジョー・ハイフィッリヒィ（Jo Hinchliffe）による性と人間関係の教育活動のピッキングミックス（A Pick'n' Mix）」（FPA, 2007）の許可を得て使用しています**。

　マスターベーションはタブー視されることが多く、誰もがやっていると思われていますが、誰も語らないものです。若い人たちは、マスターベーションをすると何か問題があるのではないかと感じることがよくあります。この演習は、このテーマについての議論を促すためのものです。

目的／目標

- マスターベーションの意味と、それを表現するさまざまな言葉を探ります。
- マスターベーションに関連する言葉の意味を明確にします。
- 男性と女性がマスターベーションをするときの言葉の意味を探ります。

説明

　この活動では個人情報を開示しないよう、参加者に注意を促してください。
　エクササイズの前に、「男性のマスターベーション」と「女性のマスターベーション」、または「男性器ペニスのマスターベーション」と「女性器バルバのマスターベーション」という見出しをつけた「フリップチャート用紙（説明用の図表が書かれた〈または印刷された〉紙）」を2枚用意します。
　グループを2つの小グループに分けます。それぞれの小グループに、用

＊「ジュシー（Jiwsi）」とは、ウェールズ語と英語の混成語で「ジュシー（Juicy）」を意味する言葉です。これは、このワークのベースとなっている RSE プロジェクトの名前です。
＊＊訳注：この後の演習も同様。

意したフリップチャートを1枚ずつ渡し、「男性／男性器ペニスのマスターベーション」と「女性／女性器バルバのマスターベーション」について知っている用語をすべて挙げてもらいます。

　書き終わったら、全体のグループに戻って、答えを読み上げてもらいます。グループ全体で意味を話し合い、理解できなかった用語を明確にします。

　ファシリテーターは、次のように問いかけます。

- 「男性／男性器ペニス」と「女性／女性器バルバ」は、どこが違いますか？違いがあるとすれば、どんなことですか？
- この活動を行うのは難しかったですか、それとも簡単でしたか？

応用
　読み書きのできないグループでは、フリップチャート用紙を使わずに話し合いを行います。

【マスターベーションに関する神話とタブー】
　「マスターベーションと集団発想法（ブレインストーム）」で説明したように、マスターベーションはしばしばタブー視されます。この演習では、マスターベーションについての話し合いを促し、このトピックにまつわる神話やタブーを探究することを目的としています。

目的／目標
　参加者たちは、自分の生活から少し距離をおいた環境で、マスターベーションに関する価値観や感情について話し合います。

応用
　読み書きのできないグループでは、ファシリテーターがカードを読み上げます。

説明

　この活動では、個人情報を開示しないよう参加者に注意を促します。

　グループは丸くなって座ります。「賛成」と「反対」のタイトルカードを部屋の両端、またはテーブルの両端に配置します。

　話し合いのカードを裏向きにして参加者の中央に置きます。

　一人ずつカードを手に取り、書かれている文を読み上げ、その文に対する賛成／反対の態度を示す2枚のカードの間のどこかに手に取ったカードを置くように指示します。そして、なぜこの位置に置いたのか、その理由を述べてもらいます。参加者が理由を言う機会を得た後、グループの他のメンバーがそれについて話し合い、同意すればカードを移動させることができます。

　ファシリテーターは、次のように尋ねます。

- マスターベーションについて話すのは簡単ですか、それとも難しいですか？
- マスターベーションはどこでするのが適切ですか、または不適切ですか？

準備するカードの内容

同意する	同意しない
ほとんどの人は、マスターベーションについて話すことに満足している	マスターベーションは将来の赤ちゃんをつくることを妨げる
マスターベーションは無害だ	マスターベーションをするにはポルノを見なければならない
マスターベーションについては自分で自由に決めるべき	公衆トイレでマスターベーションしてもよい
性的快感を与えるのはパートナーだけであるべき	マスターベーションは手だけでするべき
性的玩具は性に自信のある人が使うもの	一人ですると性感染症にかからない
パートナーの前でマスターベーションをしてもかまわない	誰でもマスターベーションをする
マスターベーションは自分のからだについて学ぶのに役立つ	マスターベーションをしないのも普通のこと
パートナーがいないときにしかマスターベーションはしない	マスターベーションをすると失明する可能性がある

マスターベーションをすると手のひらが毛深くなる	マスターベーションをするのは10代の男の子だけ
パートナーにマスターベーションの話をするのは恥ずかしいこと	マスターベーションは普通のこと
マスターベーションはプライベートな行為	
女性はマスターベーションをしない	マスターベーションをするとトラブルになる
マスターベーションのルールはみんな知っている	マスターベーションは違法である
同意年齢に達する前にマスターベーションをしてはいけない	マスターベーションは秘密にしたほうがいい

以下のカードの文は、間違いなく「同意する」の方に入ります。

• マスターベーションは自分のからだについて学ぶのに役立つ

他の人とのセックスを考える前に、自分のからだがどのように機能しているのか、何が気持ちいいのか、何に興奮するのかをよく理解するために役立ちます。

• マスターベーションは普通のこと

人から言われなくても、誰にでもできる正常な行為です。

• マスターベーションをしないのも普通のこと

人から言われなくても、マスターベーションをしないことも完全に正常であり、誰もがしなければならないことではありません。

• 一人ですると性感染症にかからない

自分一人でマスターベーションをしても、性感染症にかかったり、うつしたりする心配はありません。しかし、誰かといっしょにする（お互いの性器を触る）と、自分や相手がすでに感染症にかかっている場合には、性感染症にかかったり、感染したりする可能性があります。これは、膣、アナル、オーラルセックスをしていなくても、感染した精液や膣液が指や性器に付着することで感染が広がる可能性があるからです。

- マスターベーションについては自分で自由に決めるべき

  マスターベーション行為について自分で判断するのは当然のことです。

  以下のカードは、間違いなく「同意しない」側に入ります。

- パートナーがいないときにしかマスターベーションはしない

  一人でいるとき、恋愛中、パートナーといっしょにいるとき、パートナーとのセックスが完全に満足できるものであっても、人はさまざまな理由でマスターベーションをします。
- マスターベーションは違法である

  プライベートな場所であれば合法です。
- 同意年齢に達する前にマスターベーションをしてはいけない

  同意年齢はパートナーとの性的行為にのみ適用されます。マスターベーションには最低年齢はありません。
- 女性はマスターベーションをしない

  女性がマスターベーションをするのは普通のことです。
- マスターベーションは手だけでするべき

  人によって使うものは違います。
- 性的玩具は性に自信のある人が使うもの

  性的玩具を楽しむ人はさまざまです。
- 性的快感を与えるのはパートナーだけであるべき

  あなたには、マスターベーションでもパートナーとの性行為でも、自分自身に性的なよろこびを与える権利があります。
- 誰でもマスターベーションをする

  マスターベーションについての選択は人それぞれであり、するのもしないのも普通のことです。
- 10代の男の子だけがマスターベーションをする

  すべての年代の人が行います。

- マスターベーションは将来の赤ちゃんをつくることを妨げる

  マスターベーションをしても不妊にはなりません。
- マスターベーションをするにはポルノを見なければならない

  ポルノを見なくてもできます。
- 公衆トイレでマスターベーションしてもよい

  いいえ、できません。公衆トイレでのマスターベーションは違法です。
- マスターベーションをすると失明する可能性がある

  これは俗説です。失明することはありません。
- マスターベーションをすると手のひらが毛深くなる

  これは俗説です。手のひらが毛深くなることはありません。

　以下のカードは、必ずしも「同意する」「同意しない」のどちらにも当てはまらず、いろいろと幅広い討論ができるでしょう。

- マスターベーションはプライベートな行為

  一人ですることもできるし、同意した相手とすることもできます（相互マスターベーション）。
- ほとんどの人は、マスターベーションについて話すことに満足している

  これは、あなたとあなたが話している相手によって異なります。例えば、友人、性的パートナー、親など、人によって境界線は異なります。人によっては、誰とでも性的行為について話すことに抵抗を感じる人もいます。
- マスターベーションは秘密にしたほうがいい

  これは、あなたとあなたが話している相手によって異なります。人によっては、マスターベーションを個人的でプライベートな行為として扱いたいと思う人もいれば、よろこんで話す人もいます。
- パートナーの前でマスターベーションをしてもかまわない

  これは、二人がいっしょにすることに同意しているかどうかによります。
- パートナーにマスターベーションの話をするのは恥ずかしいこと

  これは、あなたとあなたのパートナーの両方によります。

- マスターベーションをするとトラブルになる

　私的な場所で適切に行うことは法的に問題ありません。公共の場では、トラブルになる可能性があります。

- マスターベーションのルールはみんな知っている

　これは、言われたことがあるかないかで変わってきます。マスターベーションに関する法的、社会的ルールを知っている人もいれば、知らない人もいるでしょう。

- マスターベーションは無害だ

　これは、状況によります。人目につかない場所でのマスターベーションは通常無害ですが、それに対して

- ・公共の場では、トラブルに巻き込まれる可能性があります。
- ・不適切なものを使うと、自分自身を傷つける可能性があります。
- ・誰かといっしょにする（お互いの性器を触る）と、自分や相手が感染症にかかっている場合には、性感染症にかかったり、感染させたりする危険性があります。これは、膣、アナル、オーラルセックスが行われていなくても、感染した精液や膣液が指や性器に移ることで感染症が広がる可能性があるからです。

公的な場所と私的な場所

必要な教材

- 「公的な場所」と「私的な場所」が書かれたカード2枚。
- ベッド1台の寝室、ベッド2台の寝室、浴室、トイレなど、公共の場と私的な場の写真集。
- おしゃべりしている人、抱き合っている人、下着姿の男女、裸の男女、マスターベーションをしている男性や女性など、さまざまな活動をしている人の絵のコレクション。

　使用する写真の数は、グループのニーズや能力に応じて変えることがで

きます。ほとんどのグループでは、15枚の場所の写真と10枚の活動の写真があれば十分でしょう。

これらの絵は、「Picture Yourself*」などのリソースで簡単に入手できます。ファシリテーターが自分で画像を集めることもできます。

ここでは「話し合い」という言葉を使っていますが、言葉を話さないグループを相手にする場合、話し合いとは、マカトン法、ボードメーカー**、その他の視覚資料など、必要なコミュニケーション手段を使ってファシリテーターが説明することを意味することが多いです。

目的／目標

- 「公共の場所」の写真と「私的な場所」の写真を識別し、区別します。
- 「公共の場所」と「私的な場所」で、どのような活動が適切か不適切かを判断します。

説明

参加者と「公的な場所」と「私的な場所」という言葉について話し合いましょう。

公共の場所とは、いつでも複数の人がいられる場所であり、何人がそこにいられるかをコントロールすることはできません。

私的な場所とは、一人または複数の人が、他の人に邪魔されず行くことができ、何人の人がそこにいられるかをコントロールできる場所のことです。

2枚の「公的な場所」と「私的な場所」のカードをワークスペースの両端に配置します（テーブルでも床でもかまいませんが、参加者の手が届く範囲に配置するとよいでしょう）。

---

*訳注　Picture Yourself：http://www.bodysense.org.uk/pictureyourself.shtml で入手できる。

**訳注　マカトン法：言葉やコミュニケーションに困難のある人々のために英国で開発された言語指導法。話し言葉とともに、サインやシンボルを組み合わせて提示する。

ボードメーカー：コミュニケーション用の絵（シンボル）を集めたソフト。

各参加者にある場所の写真を渡し、順番にその写真をグループに見せ、その写真が何だと思うかを伝え、それが公共の場所なのか私的な場所なのかを判断し、正しいカードの近くに置くことを説明します。

　あなたが先に行って例を示してください。

　その後、グループで写真について話し合うと、「公的な場所」と「私的な場所」の間の位置を変更したいと思うかもしれません。その結果、絵がカードの中央に配置されるかもしれません。というのも、場所によっては、「公（パブリック）」と「私（プライベート）」の両方の時間帯があるからです。

　このセクションが終わる頃には、私的な場所なよりも公共の場所に置いた絵の方が多くなっているのが普通です。

　次に、参加者に絵を1枚ずつ見せ、どのような活動が行われているかを説明します。グループに見せる前に、それぞれのカードに書かれている内容を説明するとよいでしょう。特に、より性的な場面の絵については、そのように説明するとよいでしょう。

　マスターベーション行為やセックスをしている人の絵を見せる場合は、この演習の前に、グループがこれらの分野を理解するための作業が必要かどうかを判断する必要があります。

　それぞれの活動カードを説明して見せながら、参加者はその活動が公共の場で受け入れられるものか、私的な場所で受け入れられるものかを判断してもらいます。例えば、誰かが裸で写っている写真を持っているときに、「これはスーパーでもOKでしょうか」と聞いてみましょう（カードをスーパーの写真の上に持っていきます）。うまくいけば、「ノー」という答えが返ってくるでしょう。

　最終的には、それぞれの行動している写真を、その行動が受け入れられる場所の写真の横か上に置くようにします。

　活動がプライベートな場所に割り当てられたら、私的な場所をさらに私的なものにするにはどうしたらよいか、参加者と話し合います。例えば、マスターベーションは寝室でするものだと参加者が決めたとします。例えば、ドアやカーテンを閉めて、ベッドの上で布団をかぶってマスターベーショ

ンをするなど、寝室をよりプライベートな場所にするにはどうしたらいいか
をグループに聞いてみましょう。

　また、公共の場では違法となる行為を指摘し、警察に逮捕される可能性
があることを説明します。

応用

　言葉の通じないグループには、緑の✓チェックマークと赤の×クロスマーク
の絵を使って、参加者が何を受け入れられるか受け入れられないかを示
すことができるようにします。

ペニスの物語

　グループ活動の前に、それぞれの発言を紙やカードに印刷またはコピー
し、切り取り、混ぜてさまざまな発言が出るようにします。

　グループ活動中、参加者に、ストーリーや物語を作るために、カードを
順番に並べるように伝えます。それぞれの段階について話し合います。

　私にはペニスがあります。

　定期的にお風呂やシャワーで洗って、ペニスを清潔に保っています。

　私のペニスは、痛くもかゆくもありません。もし、ペニスが痛かったり、
かゆかったりしたら、親やケアスタッフに伝える必要があります。

　大人になって、ぼくのペニスは変わりました。周りに毛が生え、大きくな
りました。勃起もします。

　勃起とは、ペニスが大きくなり、硬くなって、立ち上がったり、突き出た
りすることです。

　勃起するのは普通のことで、自然に治まることもあります。

　いろいろな理由で勃起するかもしれませんが、勃起することはプライベー
トなことです。学校で勃起してしまったら、ジャンパーを下ろして隠すか、
治まるまで机に座っていればいいのです。学校でペニスをこすってはいけ

ません。

　家の中の私的な空間では、自分のペニスをこすったり触ったりすると気持ちがいいことがあります。ペニスをこすったり、触ったりすると勃起してしまうかもしれません。

　性的な感覚を得るために、わざとペニスをこすったり触ったりすることは、マスターベーションと呼ばれます。

　マスターベーションは普通のことですし、多くの人がしていますが、それは私的な場所でのことです（他の人がマスターベーションをしているのを見ることはないでしょう）。

　家の中で、人目につかない場所でマスターベーションをすれば、トラブルに巻き込まれることなく、いい気分を味わうことができます。

　マスターベーションをしても、ペニスが痛くなることはありません。もし、マスターベーションでペニスが痛くなるようであれば、親やケアスタッフに相談する必要があります。

　マスターベーション中に非常に興奮した場合、ペニスの先から白い粘り気のある液体が出てくることがあります。これは射精と呼ばれるもので、正常なことです。私はこれをティッシュで拭いて、そのティッシュをゴミ箱やトイレに入れてから、手を洗う必要があります。

膣口（バギナ）の物語

　グループ活動の前に、それぞれの発言を紙やカードに印刷またはコピーし、切り取ってさまざまな発言が出るようにします。

　グループ活動中、参加者に、物語を作るためにカードを順番に並べるように伝えます。それぞれの段階について話し合います。

　私には外性器（バルバ）があります。

　私は定期的にお風呂やシャワーで膣口（バギナ）の外側を洗って、膣口を清潔に保っています。石けんやデオドラントを膣の中に入れると、炎症や

痛みを引き起こす可能性があるからです。

　外性器や膣が痛んだり、かゆくなったりしていませんか。もし外性器や膣が痛んだりかゆくなったりしたら、親やケアスタッフにそのことを伝えなければなりません。

　成長した今、私の膣口は変わりました。外性器部には毛が生え、膣からはおりものが出ています。おりものは、膣から出る湿り気で、膣や外性器の健康を保つのに役立ちます。

　家でくつろいでいるときに、膣口やクリトリスをこすったり触ったりすると気持ちがいいです。

　性的な感覚を得るために意図的に膣口をこすったり触ったりすることは、マスターベーションと呼ばれています。

　マスターベーションは普通のことで、多くの人が行いますが、それは個人的な場所でのことです（他の人がマスターベーションをしているのを見ることはないでしょう）。

　家の中で、人目につかない場所でマスターベーションをすれば、トラブルに巻き込まれることなく、いい気分を味わうことができます。

　マスターベーションをしても膣口が痛くなることはありません。もし、マスターベーションで膣口が痛くなるようであれば、親やケアスタッフに相談する必要があります。

　マスターベーションをしていて非常に興奮した場合、通常よりも多くの湿り気が膣から出てくることがあります。これは普通のことです。ティッシュをトイレや洗面所に置いて、手を洗えば大丈夫です。

15.
親と専門職の協働──

専門職──親、ケアスタッフ、親権者との協働

　専門職が知的しょうがいのある若者や大人とともにワークショップをする際、親、ケアスタッフ、家族の存在は最大の強みです。しかし、正直に言いますと、少数の親やケアスタッフは、セックス、人間関係、マスターベーションに関するワークショップを妨げる最大の障壁や、扉を閉ざす門番となる可能性ももっています。

　ほとんどの親やケアスタッフは、知的しょうがいのある子どもを育てる方法や、生まれつつあるセクシュアリティに対処する方法についてのトレーニングを受けてきておらず、実体験を通して学ばなければなりません。知的しょうがいがなくても10代の子どもを育てるのは大変なことです。青年たちは、マスターベーションを秘密にしておくことという社会的なサインを受け取りながら、通常の学校*で年齢と発達能力に応じた性教育を受けることが期待されています。そして、知的しょうがいのある子どものほとんどの親やケアスタッフは、子どもが性的行動をしないようにその性的行動の成

───────────────────

*訳注　69頁訳注のイギリスの特別支援教育を参照。メインストリームの学校のこと。

熟を最小限に抑えることを主な目的として、本人たちの性と生を育て、管理しようとします。こうした保護的なアプローチは、通常、正しいですし、必要なことです。しかし、本人が性的になる権利を選んだ場合に、こうした考え方が悪影響を与えないことが重要です。

　性的行動を止めようとするとき、それは通常、本人や周囲の人たちを保護するためにするのだということを忘れないでください。理想的には、こうしたちからは、知的しょうがいのある人と、本人の周囲にいる人たちを守るために、望むならばプライベートでのマスターベーションを可能にするという、もう1つの方法に向けることができるのです。ほとんどの親やケアスタッフは、本人たちが適切にマスターベーションをすることを止めたいとは思っていませんし、自分の子どもが性的な危害から守られ、安全であることを確認したいだけです。

　専門職として、私たちの支援の一部は、知的しょうがいのある人がマスターベーションについて適切に学び、本人が希望すればマスターベーションをすることをサポートすることです。そして、私たちのすべての支援は、現行の法律およびよい実践のための案内の手引きに準拠していなければなりません。

　私たちがサポートする当事者すべての人たちに家族が関わっているわけではなく、ソーシャルワーカーやその他の支援者たちがいる人もいます。私たちが親やケアスタッフと呼ぶときは、若者の親としての責任を負う人、あるいは若者の生活の中で重要な支援を提供する人のことを指しています。

　親やケアスタッフは、マスターベーションに関する問題や自分の子ども（子どもが16歳以上または成人している場合でも）について、不安を感じることがあります。特に子どもが傷つきやすい弱い立場にあるとき、子どもを性的な存在としてとらえることは、親やケアスタッフにとってとても難しいです。私たちはこのことを認識しながら、適切なプロセスを通じて家族を援助しなければなりません。

　性的行動ケア計画（「18.性的行動と性教育に関するケア計画」の章を参照）を使用する場合は、親としての責任をもつ親やケアスタッフが利用できる

ようにし、学校、カレッジ、仕事、ボランティア先、デイセンター、宿泊施設、家庭での一貫したアプローチを検討する必要があるため、適切に相談し合わなければなりません。

親──専門職との連携

　私たちといっしょに支援をする専門職は、知的しょうがいのある若者や大人を育てる際の最大の資源です。しかし、正直に言いますと、少数の専門職は、セックス、人間関係、マスターベーションに関する支援を妨害する最大の障壁や扉を閉ざす門番になることもあります。

　そう、これは両極端なのです。親、専門職、私たちは、本人たちのマスターベーションの権利を可能にし、積極的に取り組むことができますが、それを阻むこともできますし、時には間違ってしまうこともあるのです。

　もし、あなたが親やケアスタッフ、家族の一員として、安全で効果的なマスターベーションを支援しているのであれば、その素晴らしい活動を続けてください（あなたが報酬を受けていないことは知っていますが、私はそれが大切な活動であり、困難な活動だと言いたいのです）。親とケアスタッフは、知的しょうがいがあるかどうかにかかわらず、誰かの人生で最高の性教育者になることができます。幼い頃から成長、人間関係、セックス、マスターベーションについてオープンにコミュニケーションをとることで、ほとんど大きな問題に発展する前に対処できます。

親からのよくある質問

• マスターベーションをするための場所を提供してもよいのでしょうか？

　寝室のような、知的しょうがいのある人が住んでいるか滞在しているプライベートな場所であり、なぜそれがプライベートな場所であるかが明確に理解されている限り、問題はありません。

- 潤滑剤を使用してもいいですか？

　はい、潤滑剤は単に摩擦を減少させるためのものです。個人的な活動のために潤滑剤を使用することに、年齢の下限はありません。水性および油性の潤滑剤は、薬局やスーパーで広く販売されており、通常はコンドームの近くに置いてあります。使用する潤滑剤が身体の敏感な部分を刺激しないことを確認し、刺激する場合は別の種類を提案してください。

- 知的しょうがいのある人に、性的玩具を提供してもいいですか？

　性的玩具については、「16.性的玩具」の章で詳しく説明していますが、性的玩具は企業名を入れた商品（ノベルティグッズ）として法的に定義されているため、性的玩具を所有・使用するための法的な最低年齢はありません。もし、知的しょうがいのある人が、性的玩具を試してみたいと思い、それを選ぶことに参加できるなら、提供してもかまいません。

　性的玩具を有益だと思うなら、次のように試してみましょう。痛みや怪我を防ぐために試しに1つを提供することは合理的です。しかし、本人が性的玩具を試したいと言っておらず、性的玩具を使うことで害を減らす理由がない場合は、いきなり提供しないでください。性的玩具について話し合って、そこから展開させることはできますが、常に本人の個人的な選択に従うようにしてください。

- 理解するのに苦労している子どもや若者、大人にどのように説明しますか？

　あなたが親である場合、子どもたちが何を理解していて、何を理解していないかを最もよく知っています。本人たちがすでに知っていることや理解していることを、わかりやすい言葉や視覚的なイメージ、マカトン法を使っていっしょに探ってみましょう。子どもたちがマスターベーションについてほとんど理解していないときは、あなたが話題の主導権を握り、マスターベーションとは何か、それはまったく普通のことですが、個人的な行為であることをわかりやすく伝える機会が必要です。マスターベーションをしてもいい場所を説明します。誤解や間違った情報を正そうとするよりも、この

ような出発点から取り組む方が簡単な場合もあります。

• 言葉を話せない人にどうやって説明したらよいですか？

　言葉を話せない人に何をどう説明すればいいのでしょうか？　視覚的なイメージと繰り返しの表現が有効です。マスターベーションの説明は、トイレの衛生や交通安全の説明と同じように、明確な視覚的学習の手がかりを与え、定期的に理解度を確認しながら進めます。

• 子どもにマスターベーションが快感であることを伝えてもよいのでしょうか？

　しかし、このメッセージは、人間関係や性教育の一環として行われるのが理想的です。また、マスターベーションは普通のことですが、誰もがすることではないので、するかどうかは自分で決められるという情報も含めるべきです。そしてもちろん、それはプライベートでのみ行われるべきものです。

• マスターベーションについて教えるのは何歳からが適切ですか？

　マスターベーションは独立したトピックではありません。マスターベーション教育は、身体意識、パブリックとプライベートとを混同しない行動、社会的、法的ルールの中に含まれるべきで、これらは意識するしないにかかわらず、幼少期から教えられるものです。未就学児に人前で性器を触ってはいけないと教えるのは普通のことで、これは初期のマスターベーション教育の一部になります（例えば、プライベートな場では自分の性的な部位を触ってもいいけれど、みんなの前では触ってはいけないということ）。

• マスターベーションについての会話をするにはどうしたらいいですか？

　やってみてください。練習すれば簡単にできるようになりますよ。マスターベーションについての会話については、「13. マスターベーションについての指導」のところで、教育をどのように行うかについての詳しい情報があります。

- クライマックスを迎えられないようです。どうしたらいいですか？

オーガズムを体験したい人にとって、これは非常にフラストレーションの溜まることです。クライマックスを迎えられない理由については、「6. マスターベーションの方法」の章で説明しています。簡単な解決策は、十分なプライベートタイムと、薬局やスーパーで一般的に販売されている水性の潤滑剤を用意することです。これは、男性にも女性にも効果的です。

- 自分の子どもに親密なケアをすることに慣れています。子どものマスターベーション行為を手伝ってもいいですか？

法的には、子どもがマスターベーションをするときに、支援者が手を使って手助けすることはできません。ただし、子どもの性器に手を当てたり、性的玩具を用意してプライバシーを確保したりすることはできます。マスターベーションを手伝うことは、他のすべてのことを子どもにしてあげていれば、小さな一歩に見えますが、法律は子どものマスターベーションを実際に手伝うことは違法であると明確にしています。

- うちの子は失禁パッドを使っています。このような場合、どうしたらいいですか？

失禁パッドは、自分の性器を探索し、マスターベーションをしたいと思ったときに、その機会を大きく妨げます。子どもが自分で触ることができるように、パッドを使用しない時間を毎日設けるのがよいでしょう。例えば、お風呂に入っているとき、安全であれば、パジャマに着替えるときなどです。

- 私の子どもは常に監視されていなければなりません。私的な時間を与えつつ、安全を確保するにはどうしたらいいですか？

常に監視が必要な子どもの場合は、私的な時間を確保する方法を検討してみてください。部屋の外から監視されている時間があっても、たまにドアを開けてチェックすることができるかもしれません。

- うちの子は身体に機能しょうがいがあるので、手を使ってマスターベーションをすることができません。どうしたらよいでしょうか？

  肢体不自由のため手を使ってマスターベーションができない人のために、さまざまな資源や性的玩具があります。本人の同意を得て、どのような補助具がよいかを試してみて、検討してください。親が子どものマスターベーションのために補助具や性的玩具を物理的に使用することは違法なので、本人たちが単独で使用できるものでなければなりません。次の章では、性的玩具についてさらに詳しく説明します。

16.
性的玩具・フェチ的アイテム・ポルノグラフィ・SNS利用・セックスワーカー────

性的玩具

　私たちは生活の中でさまざまな作業にモノを使っています。椅子に座ったり、床ではなくベッドで寝たり、歯を磨くのに歯ブラシを使ったり、食事のときに指ではなくナイフやスプーン、箸を使ったりします。性的玩具とは、手を使うよりも簡単に、あるいは違った方法で性的快感を得ることができる道具です。

　意外に思う人もいるかもしれませんが、性的玩具を購入して一人でマスターベーションをすることに、法的な最低年齢（または最高年齢）の制限はありません。イギリスでは、法的には企業名を入れた商品（ノベルティグッズ）に指定されていて最低年齢制限はありませんが、ほとんどの小売業者は、性的行為に使用されることを理由に、独自の年齢制限を設けています。歴史的に見ても、性的玩具を買おうと思ったら、セックス・ショップに行くか、通信販売で買うしかありませんでした。セックス・ショップでは、ポルノグラフィも販売していることが多いため、18歳以上のお客を対象としています。しかし、最近では、個人向けの健康（ウェルネス）商品の一部として性的玩具を扱う小売店が増えており、性的玩具はもはやセックス・ショップ

でしか販売されているわけではありません。一般の店舗や大型スーパーの棚にも手軽に陳列されており、オンラインでも広く販売されています。街の薬局やオンラインショップなどの小売店では、性的行為に同意できる法定年齢（16歳）以上であれば購入を許可しています。ただし、年齢制限は小売店ごとに異なるので、購入前に決めつけないほうがよいでしょう。

　性的玩具を使用している場合でも、マスターベーションや性的行為に関する通常の法的、社会的ルールはすべて適用されます。性的玩具にはさまざまな種類があり、からだの部位やニーズ、目的に合わせてデザインされています。ペニスや膣、肛門のような形をしたものもあれば、お風呂のおもちゃのようにもっと抽象的なものもあります。また、膣や肛門の中に挿入するようにデザインされたものもあれば、外部からからだを刺激するようにデザインされたものもあります。

　大きく分けて、以下のような種類があります。

- ディルド：膣や肛門に挿入するタイプの性的玩具で、大きさや形、素材はプラスチックやゴム、ガラスなどさまざまです。
- バット・プラグ（Butt Plugs）：ディルドが膣や肛門に出し入れすることを目的としているのに対し、バット・プラグは直腸に挿入したままで快感を得ることを目的としています。バット・プラグの先端はフレア状になっているので、直腸内で詰まることはありません。先端がフレアになっていないものは、直腸内に入りすぎてしまい、取り出すのに医師の助けが必要になることがあるので、先端がフレアになっているもののみを肛門に挿入することが重要です。
- バイブレーター（振動子）：その名の通り、振動する玩具で、種類によってはからだの内部（膣・肛門）や外部（外性器・クリトリス・ペニス・睾丸・肛門）を刺激することができます。性器を刺激するだけでなく、好みに応じてからだの他の部分をマッサージすることもできます。
- クリトリス／前立腺刺激器具：バイブレーターや突起のあるおもちゃなど、クリトリスや前立腺を刺激するように設計されています。クリトリ

スには8000個の末梢神経があり、オーガズムを得るためには、膣からの
刺激よりもクリトリスを直接刺激する必要があります。

性的玩具の購入を支援する

　本人たちが十分な年齢（購入元によって年齢は異なります）で、道具を選
ぶ能力がある場合は、性的玩具を購入して使用するという選択を行えるよ
うに支援することができます。機器の手入れの仕方、機器を秘密にしてお
くこと、清潔に保つこと、充電や電池交換をすること、機器が動かなくなっ
たり壊れたりしたときに助けを求めることなどについて、教育を行う必要が
あるかもしれません。

性的玩具を使うのをサポートする

　知的しょうがいのある人に、モデル、人形、パペット、または手に装着
した性的玩具の使い方を教えることは適切です。しかし、本人たちの性的
欲求を満たすために、その人のからだに性的玩具を直接使用することは、
決して許されません。もし、本人たちが自分で性的玩具を使うことができ
ないが、使いたいと言っている場合は、遠隔操作（リモートスイッチ）や
振動パッド付きのものを使用することもできます。本人たちが性的玩具の
使用について好みを表明できない場合もあります。本人のためになると考
えて、提供したくなるかもしれませんが、慎重に対処する必要があります。
好みを伝えられない場合、性的玩具の提供が本人たちの最善の利益になる
ものとどうやって知ることができるのでしょうか？　例えば、自分の性器を傷
つけるものを使おうとするなどは、明らかな手がかりであり、これを性的玩
具と交換することで自分のからだに危害を加えることを防げるかもしれませ
ん。もしかしたら、性的玩具を使った方が幸せになれるかもしれません。
しかし、もし性的玩具を提供することで危害を減らすことができるという支
援者や親の合意があれば、性的玩具を導入する理由とその決定は、個々の

ケアや性的行動ケア計画に含まれるべきでしょう。

---

16. 要点

- 性的玩具には、購入および使用に関する法的な最低年齢制限はありません。
- 清潔に保つことが必要です。
- プライベートなものである必要があります。
- 性的玩具は、壊れ、消耗したら捨てて交換する必要があります。

フェチ的アイテム

　知的しょうがいのある人たちには、社会的に標準的とみなされている性的刺激と認知能力や社会的なアクセスがない可能性があるため、毛布などのなどの布製品（ファブリック）、自分だけのケア用品、ペット、または家庭用品など、他のアイテムを性的興奮と関連づけることがあります。

　マスターベーションやセックスに関する自分の価値観をふりかえり、知的しょうがいのある人たちの個人的な好みを無理に切り離してよいかどうか、よく考えてみてください。ほとんどのフェチは、性的嗜好の正常な表現です。革、羽、食べ物、靴、からだを締め付ける道具（ボンデージ・ギア）など、現在主流の性的文化の一部となっているすべてのフェチについて考えてみてください。

　例えば、マスターベーションのためにおむつを使用するのは、おむつが子どもへの性的関心というよりも、体液のための衛生用品であるためかもしれません。しかし、ペットをフェチ的アイテムとして使用することは、2003年の性犯罪法の下では合法ではありませんので、やめるべきです。フェチ的アイテムがペットや安全でないものなど不適切な場合は、本人たちがなぜそれをフェチ的アイテムとして認識しているのかを探り、模造毛皮の布や性的玩具など、安全で合法的な代替品の可能性を探りましょう。

フェチ的アイテム用の箱

　フェチ的アイテムの多くは日常的に使われているものなので、どのような ものであればマスターベーションをしてもよいのか混乱してしまうことがあ ります。また、危害や不適切な行動を恐れて、フェチ的アイテムを使って マスターベーションをすることを完全に止めたくなることもあります。しか し、知的しょうがいのない人は、マスターベーションを秘密にする方法や 自分の安全を確保する方法をある程度理解しているので、自分が選んだ物 でマスターベーションをすることが普通にできます。私たちは、知的しょう がいのある人が可能な限り同じ権利を行使できるように支援する必要があ ります。他の人に悪影響を与えない安全な方法で、フェチ的アイテムの使 用を促進する方法を検討してください。例えば、マスターベーションをす るときに洗濯用のゴム手袋を着用するなど、一般的な家庭用品を使用する ことが好きな人には、特徴的な色のものや、その人の名前が書かれたラベ ルのついたものを用意してください。また、それらを他の家庭用品と区別 して保管できるように、箱を用意します。その箱は、ベッドの近くに置いたり、 個室のマスターベーションをする場所の近くに置いたりします。性的行為 に使用してもよいものとそうでないものの境界を明確にします。

　性的行為に使用する他の物と同様に、フェチ的アイテムはプライベート でのみ使用し、清潔に保つべきです。

　　サイさんはプライベートでマスターベーションをしていますが、ペッ トの犬を可愛がっているので部屋に置いておきたいと思っています。彼 の家族は、彼が犬の毛皮でマスターベーションをしているのではないか と疑っています。地域の知的しょうがいチームの支援により、マスター ベーションに適したものとそうでないものについての教育が行われまし た。家族は、サイさんがマスターベーションをしているときは、犬を部 屋に入れないというルールを決めました。しかし、犬の毛皮の感触はお そらく興奮の助けになるので、彼には触って楽しい毛皮が提供され、そ

れをプライベートに保ち、使用後は洗濯機に入れる方法が教えられて
います。

16. 要点

- アイテムにラベルを貼りましょう。
- アイテムを区別して保管しましょう。
- アイテムを清潔に保つ方法を本人に伝えましょう。
- アイテムが壊れたり、消耗したりした場合の対処法を知りましょう。

ポルノグラフィ

　ポルノには、性的に露骨な描写や、見ている人を性的に刺激したり興奮
させたりすることを目的とした、視覚的なイメージを含むものが含まれます。
イギリスでは、18歳以上であれば、合法的なポルノを購入することができ
ます。

　イギリスにおける違法なポルノには、以下の描写が含まれます。合意の
ない性的行為、人の生命を脅かす性的行為、人の性器、肛門、乳房に重大
な損傷を与える、または与える可能性のある性行為、18歳未満の人または
18歳未満に描かれた人が関与する性的行為（漫画画像を含む）、動物や死
者が関与する性的行為です。

　本人が18歳以上で、合法的なポルノを選択する能力がある場合は、（職
場の方針の範囲内で）本人がその選択を行うことを支援することができま
す。18歳以上の本人が合法的なポルノに興味を示した場合、合法的なポル
ノにアクセスする方法やインターネットを安全に利用する方法についての
情報を提供することも妥当です。

　しかし、本人がよろこびそうだからといって、オンライン・コンテンツや
雑誌などのポルノ素材を提供してはいけません。もし知的しょうがいのあ
る人がポルノを見る選択をする能力がない場合、ポルノを見せることは違

法とみなされる可能性があります。また、性的刺激物に対するあなたの好み、認識、思い込みは、本人たちとは異なります。主流の少年少女向け雑誌やポルノのほとんどは、かなり二元的な異性愛者の脚本に従っています。材料を選んで提供することで、あなたは本人たちよりもむしろあなた自身の思い込みや性的嗜好を利用していることになります。

　自立した生活をしていない限り、知的しょうがいのある人たちはポルノを見るためのインターネットアクセスについて、交渉する必要があるかもしれません。なぜならば、親やケアスタッフ、インターネット料金を支払っている家の所有者、本人たちが利用したいポルノのデバイスを持つ可能性のある人たちによって、アクセスを妨げられる可能性があるからです。このことは、デバイスの他のユーザーにも影響を与える可能性があり、家庭内に18歳未満の若者やその他の弱い立場の人がいる場合、デバイスの共有は適切ではないかもしれません。誰かがポルノを使用したいと考えている場合、その人専用のデバイスを持ち、ウェブサイトのページを見た後に閉じる方法を知っているといいでしょう。

　知的しょうがいのある人たちが共同生活をしている場合、ポルノの使用が同居している他の人々に影響を与えないようにすることも重要です。インターネットの使用は、多くの知的しょうがいのある人たちが、生活の中の門番（ゲートキーパー）によってインターネット接続がブロックされたり、妨げられたりしていることから、権利上の問題となることがあります。オンラインの情報、サービス、教育、娯楽、友人関係、人間関係へのアクセスは、誰もが享受できるべき権利です。もし、オンラインへの接続で誰かが危険にさらされることを心配するのであれば、アクセスを完全にブロックするのではなく、まず教育とサポートを行うことが解決策となるはずです。

　知的しょうがいをもたないほとんどの人は、個人的に合法的なポルノを楽しむことは問題ないと判断しています。知的しょうがいのある人がこの選択をするにはサポートが必要かもしれません。ポルノに対するあなたの個人的な感情がどうであれ、あなたの相談者が18歳以上で、合法的なポルノを選択して利用する能力がある場合、それは本人たちの選択であり、権利

であることを覚えておくことが重要です。

　ポルノ俳優には、その仕事に対して正当な報酬を得る権利があります。ポルノに対してさまざまな価値観や感情があるかもしれませんが、だからと言って、有料サービスを提供している俳優の権利を悪用してはいけません。無料のポルノは広告で賄われており、ポルノの質よりも量を提供することが多いです。もしポルノを楽しむのであれば、お金を払うことを検討する価値があると思います。

SNS 利用（セクスティング）

　セクスティング（Sexting）とは、携帯電話やコンピューターなどのデジタル技術を使って、自分で作成した性的な画像や裸の画像を相互に送受信することです。セクスティングは、「ヌードの送信（Sending Nudes）」とも呼ばれます。セクスティングは、当事者全員が18歳以上で、性的画像の作成、送信、受信に完全に同意している場合は合法です。関係者が18歳未満の場合、たとえ16歳（つまり同意年齢を超えている）であっても、自分自身の写真を撮影した場合、そのセクスティングは違法であり、児童の違法な写真を配布したものとみなされます。また、当事者が18歳以上であっても、画像の作成や共有に同意していない場合は違法であり、リベンジポルノ（苦痛を与える目的で私的な性的写真や映像を公開すること）に該当する可能性があります。

---

16. 要点

- イギリスの性交渉同意年齢は16歳ですが、合法的にポルノにアクセスしたり利用したりするには、18歳以上の成人である必要があります。
- ポルノグラフィの中には、誰にとっても違法なものがあります。
- 知的しょうがいのある人が、合法的なポルノを選んだり利用したりする能力をもっている場合、あなたは彼らがそうできるようにサポートすることができます。

セックスワーカー

　18歳以上で、性的行為に自由に同意する能力があれば、性的行為を売買すること自体は違法ではありません。しかし、セックスワーク（売春）に関する犯罪があり、関係者が自分で自由に選択できず、関係する問題を十分に理解しておらず、自由に同意していない場合は特に、性的行為への報酬はやや複雑で、違法となる可能性があります。

　2003年性犯罪法第31条では、ケアスタッフが「精神しょうがい」のある人に性的行為を「引き起こす」または「煽る」ことを禁止しています。私たちがサポートしている人が十分な年齢で、セックスワーカーを雇う能力、独立性、手段をもっている場合、私たちは他の成人と同じように性的健康に関してサポートすることができ、他の性的関係をもつ場合と同じ教育とサポートを提供します。しかし、スタッフは、知的しょうがいのある人にセックスワーカーを紹介し、従事させるような行動をとることはできません。また、性サービスを提供する手助けをすることも違法ですので、故意に性的行為が行われる場所を提供することも違法とみなされます。

　時々、成人した本人（18歳未満の場合は、労働者と顧客の両方にとって違法）のためにセックスワーカーを雇いたいという親やケアスタッフの話を聞くことがありますが、これは、他の方法で性的関係が始まるのを待つよりも、自分の手の届く範囲にいる誰かとセックスをすることが本人たちの利益になると考えてのことです。しかし、知的しょうがいのある人たちがセックスワーカーとの関わりを完全に理解し、同意していない場合、これは違法とみなされる可能性があります。

2003年性犯罪法の第31条

選択を妨げる精神しょうがいのある人を性的行為に従事させたり、煽ったりすること―以下の場合、人（A）は職責を果たします。

a. 故意に人（B）をある活動に従事させたり、扇動したりする。

b. その行為が性的なものである。

---

c. (B)が、精神しょうがいを理由に、または精神しょうがいに関連する理由で、拒否できないこと、および

d. (A)は、(B)が精神しょうがいを患っており、それが原因で、または精神障害に関連する理由で、拒否できないことを知っているか、または合理的に知ることができる。

(B)が拒否できないのは以下の場合です。

a. 引き起こされた、または扇動された活動に従事することに同意するかどうかを選択する能力を欠いている（活動の性質または合理的に予見可能な結果に対する十分な理解を欠いているか、またはその他の理由による）、または

b. そのような選択を(A)に伝えることができない。

　一人でするマスターベーションに関連して、次のような人たちがいます。商業用のセックス・ラインを介して電話で話したり、チャットルームやウェブカムを介してインターネット上で通信したりすることによって、セックスワーカーを買うことです。これは相手のからだに直接触れてはいませんが、18歳以上の年齢、同意能力、同意の契約に関する同じ規則が適用されます。これらのサービスを購入しようとする知的しょうがいのある人たちは、商業的なセックスワーカーと、これらの方法でボーイフレンドやガールフレンドとチャットすることの違いを理解することが重要です。また、何を買おうとしているのか、いくらかかるのか、誰が関わっているのか、セックスワーカーとクライアントの間で交わされている、または交わされていない契約について、オープンな対話をすることは、誰にとっても重要です。

　また、セックスワーカーには、自分の仕事に対して正当な報酬を得る権利があることも付け加えておきます。あなたはセックスワーカーに対してさまざまな価値観や感情をもっているかもしれませんが、だからといって、彼らが有償のサービスを提供しているときに、その権利を悪用してはいけません。

他の人への配慮

　性的玩具、フェチ的アイテム、合法的なポルノ、セックス・ライン、オンラインの性的コンテンツを楽しむ権利の一部は、これらの素材の使用が他の人たちに影響を与えないことを保証する責任があります。知的しょうがいのある人たちは、家族であれ、シェアハウスやサポート付きの宿泊施設であれ、他の人たちと暮らしています。本人たちの性的玩具、フェチ的アイテム、ポルノ、性的な素材の使用は、彼らのマスターベーションと同様にプライベートなものであることが重要です。

　オンラインのポルノを楽しんでいる人は、自分専用の機器（ノートパソコン、タブレット、携帯電話）を持っているとよいでしょう。家族全員（特に子どもや若者）が使用する家庭用コンピューターやノートパソコンがある場合は、18歳未満は保護者管理（ペアレンタルコントロール）やアダルトコンテンツフィルターを有効にし、各ユーザーは自分のアカウントとプライベートパスワードを持つことをお勧めします。

　また、寝室の所有者以外の人が部屋に出入りする場合（身の回りの世話、掃除、洗濯物の回収など）は、使用していないときは安全に見えないように保管してください。これは、きょうだいなど他の人と寝室を共有している場合に特に重要です。

　電話やオンラインでサービスを利用する場合は、他の人に聞かれたり見られたりしないようにする必要があります。

17.
よくある状況と
適切な対応方法──

　不適切なマスターベーションへの対応は、これまでの経験や指導、トレーニングなしに行うと、ぎこちなくて困難なものに感じられるかもしれません。残念ながら、マスターベーションへの対応についてのトレーニングは日常的に行われておらず、多くの組織には、スタッフが不適切なマスターベーションに直面した場合の対応方針や手引きがありません。

　こうした複雑な行動を管理するためのただ一つの「最善」の方法は通常ありませんし、本書がすべての人たちへの回答を示しているわけではありません。しかし、本書が、最も一般的な状況のいくつかを探り、マスターベーションに関連する一般的な状況を管理するための、出発点の手引きとなることを願っています。行動を起こす前に、状況に応じた適切な対応を考えるために、以下のような質問を自分自身に問いかけてみるとよいでしょう。

- その行為には性欲以外の他の原因がありますか？
- その行為は、合法ですかそれとも違法ですか？
- 本人の行為は、自分自身や他の人に悪い影響を与えたり、傷つけたりしていますか？
- その行為は公的な場で行われていますか、それとも私的な場で行われていますか？

- こうした行為について、あなたはどのように感じますか？ あなたの気持ちを考慮する必要がありますか？
- 本人や周囲の人たちの権利を尊重するにはどうすればよいですか？
- 対応のための行動を起こすとしたら、あなたはどのような行動をとるつもりですか？

　マスターベーション以外の理由で自分のからだに触れている場合には、本人の健康状況を確認した後で、初期の対応として、本人の興味を引くために「気晴らしの技能」を使うことができます。「4. 性器を触る他の理由」の章で検討したように、自分のからだに触れる行為がマスターベーションや性的行為を目的としていない場合もあります。しかし、不適切なマスターベーションをして性的刺激を得ようとする意図がある場合には、明確な境界線をもって対応する必要があります。

　多くの専門職は、不適切なマスターベーションに対して、直接的におかしいと判断して即座に支援することは難しいと考えています。しかし、それは挑戦しなければならない課題です。人生のほとんどの課題がそうであるように、練習すれば簡単にできるようになります。

- 可能であれば、相手を尊重しながら、まずは個別に挑戦してください。
- 明確で肯定的な声かけをして、わかりやすい身振りを添えて、必要に応じて視覚的な補助具やシンボルを使います。
- ショックを受けたような、感心していないような表情をしてみましょう。ユーモアで恥ずかしさを和らげたり、笑い飛ばしたりしないでください。不適切なマスターベーションの結果は、本人や周囲の人たちに深刻な影響を与える可能性があるため、ショックを受けたような、感心しないというメッセージを伝える必要があります。
- どこでどのようにすればこの行為が許されるのか、明確に指示してください。

公的な場や私的な場での理解があまりない
知的しょうがいのある人たち

状況の例

　「ザイン、ペニスを触るのをやめましょう。教室ではプライベートな部位やペニスを触ってはいけません。家の中の自分だけの場所でしかしてはいけません！」

　「エイラ、外性器を机にこすりつけるのはやめましょう。私たちは教室で自分のプライベートな部位や女性器をこすってはいけません。そんなことは家の中の自分だけの場所でしかできません！」

　知的しょうがいのある人たちが公的な場でマスターベーションをした場合、周囲の人たちからどのような反応を受ける可能性があるか、また、社会的に許容される行動とは何かを学ぶことができるように、明確または誇張された顔の表情、ボディランゲージ、社会的な合図の表示は合理的なことです。これらは、他の安全な行動を他の人たちに教えるときの反応と同じです。状況の重要性と重大性、および行動が抑制されずに続いた場合の結果の重さを印象づけるために、特に強く反応します。

　また、ユーモアを交えたり、その行動を「笑い飛ばしたり」しないことも重要です。こうした反応は、ある状況について不快や恥ずかしさを感じたときや、誰かの不快感を和らげようとしたり、安心させようとしたりするときの人間の自然な反応です。けれども現実には、公的な場でのマスターベーションは、不快で違法な状況です。不適切なマスターベーションの影響や結果を隠すことで、その行動が実際よりも社会的に受け入れられているように見えてしまいます。

　ただし、本人ではなく本人の行為そのものに言及するようにしてください。汚い、エッチ、気持ち悪いなどの言葉は使わないようにしましょう。また、最も大切なことは、マスターベーションは正常で合法的であり、楽しいものですが、マスターベーションをするためには私的な場所でなければ

ならないとはっきりさせることです。

　一人でいるときやスタッフのトレーニング、スーパーバイズのセッションなどの適切な時間に、有用なフレーズやキーフレーズを言う練習をするとよいでしょう。恥ずかしがらずにはっきりと言えるようになるまで、そのフレーズを繰り返してみましょう。自信をもって明確な指示を出せるようになれば、自分も相手も恥ずかしい思いをしなくて済みます。

　必要であれば、「ザイン、ペニスを触るのをやめましょう」のような基本的なフレーズから始めましょう。

よい実践的応答

　ある14歳の男性は、学校で勃起してしまい、机の下でペニスを触ってしまいます。

- 個別の対応として「自分の大切な部位、ペニスを触るのをやめましょう」と言ってください。「教室ではプライベートな部位、ペニスを触ってはいけません。こうしたことは、自宅の自分だけの場所でしかできません」とも。
- 炎症など根底にある診断されていない健康問題がないことを確認しましょう。
- 本人が自宅に自分だけの空間をもっているかどうかを確認し、もっていない場合は、もつことを勧めましょう。
- 本人やクラス全員で「パブリックとプライベートとを混同しない」教育セッションを行いましょう。
- 人間関係と性に関する教育（RSE）プログラムをクラスで実施しましょう。

17歳の女性が学校の中で机の角に女性器をこすりつけています。
- 個別の対応で、「自分の大切な部分、女性器を机にこすりつけるのはやめましょう」と言ってください。「教室では女性器をこすりつけてはいけません。こうしたことは自分の家の中の自分だけの場所でしかしてはいけません」とも。

- 根底にある診断されていない健康問題がないか確認しましょう。
- 本人が自宅に自分だけの空間を持っているかどうかを確認し、もっていない場合は、もつことを勧めましょう。
- 本人やクラス全員で「パブリックとプライベートとを混同しない」教育セッションを行いましょう。
- 人間関係と性に関する教育(RSE)プログラムをクラスで実施しましょう。

カレッジでヌールは、授業中にテーブルの下でマスターベーションを繰り返しています。スタッフはこうした行為を恥ずかしいと思うのですが、この行動を止める方法がわかりません。経験豊富なファシリテーターが、一連の人間関係と性に関する教育（RSE）セッションをクラスに提供しています。マスターベーションが行われたとき、ファシリテーターははっきりと言います。「授業中に自分の性器を触らないでくださいね。自分の家の寝室に行ってからにしてください」と。スタッフはこうした支援に挑戦するための「台本」を手に入れ、学校周辺の公共の場所と生徒の自宅のプライベートな場所の写真を集めた「公的な場所と私的な場所」の壁に貼るイメージ教材を作成しました。そして、公的な場でのマスターベーションを目の当たりにしたときには、何度もチャレンジすることで、不適切なマスターベーションをやめさせることができるようになりました。

状況の例

16歳の男性が性的欲求不満になり、学校のトイレでマスターベーションをしました。

学校やカレッジを含む公共のトイレで、マスターベーションを含む性的行為をすることは違法です（「10.法律とマスターベーション」の章を参照）。これは、他の子どもや若者（18歳未満）がこの行為を目にした場合、さらに問題となります。

公的な場所と私的な場所について明確に説明し、学校でのマスターベーションが許されないことを伝える教育プログラムの実施をお勧めします。生徒がマスターベーションをしたいと思ったときに、家でマスターベーションをするためのプライベートな空間と時間を確保してください。性的欲求不満が行動に悪影響を与えている場合、スタッフと家族は、学校でのマスターベーションの代わりに、自分の行動を管理するために、性器以外の自分のからだをさするなど気晴らしの方法を教えるようにします。

よい実践的応答

- 学校のトイレでの性的行為は違法であることをスタッフに周知徹底します。
- 知的しょうがいのある人とクラス全体で「パブリックとプライベートとを混同しない」の教育セッションを行います。
- 本人に、「学校のトイレは、マスターベーションのような個人的な行為をするための個人的な場所ではありません。トイレを使っている他の人に聞こえてしまうので、おしっこやうんちをするときだけトイレを使うことができます。マスターベーションは、家の中の私的な場所でしかできません」と伝えましょう。
- 知的しょうがいのある人たちが自宅に私的な空間をもっているかどうかを確認し、もっていない場合は、もつことを勧めましょう。
- 人間関係と性に関する教育(RSE)プログラムをクラスで実施しましょう。

状況の例

　19歳の女性が、実家の居間でテレビを見ているときに、膣口をこすっています。

　個人宅でのマスターベーションは、たとえ居間であっても、自分一人で行っている場合や、見ている人が同意している場合は違法ではありません。しかし、共有スペースでのマスターベーションは、同意していない人、特

に子どもや傷つきやすい弱い立場の人がいる場合には、不適切な行為となり、違法となる可能性があります。

　公的な場と私的な場の区別、そして共有の空間ではマスターベーションが許されないことを明確に説明した教育プログラムを実施します。本人がマスターベーションをしたい場合は、私的な空間と時間を確保してください。スタッフとご家族は、マスターベーションの代わりに、公共の場での行動を管理するための自分を慰める別の方法や気晴らしの方法を検討してみましょう。

　特定のテレビ番組、アニメ、映画（どんなに無害だと思われるものでも）でマスターベーションの反応が見られる場合は、寝室にいて一人でその素材を見て、プライベートでマスターベーションを楽しめるようにするのが賢明です。また、共有の空間では興奮するようなものを見ることは避けましょう。

よい実践的応答

- 本人と「パブリックとプライベートとを混同しない」教育セッションを行いましょう。
- 親が本人に「居間（リビングルーム）はマスターベーションのような私的な活動をする場所ではありません。マスターベーションは寝室などの私的な場所でしかできません」と伝えるようにしてください。
- その人が自宅に私的な空間をもっているかどうかを確認し、もつことを勧めましょう。
- 彼女のクラスで「パブリックとプライベートとを混同しない」教育セッションと人間関係と性に関する教育(RSE)プログラムを実施しましょう。

状況の例

　15歳の男性が教室で他の生徒やスタッフの前でマスターベーションを始めました。「やめてください」と要求されてもマスターベーションをやめません。
　公共の場で、同意していない人（特に子ども）の前でのマスターベーションをすることは違法です。このような状況では、性的犯罪を目撃するとい

うことになるため、その部屋にいる他の子どもたちに対して、注意を促す義務があります。子どもや弱い立場の人を危険にさらす他の行動と同じように対処してください。すぐに他の子どもたちを部屋から出し、安全な場所に連れて行きます。教室のドアや窓ガラスを閉めて、マスターベーションを目撃されないように最善を尽くしてください。必要であれば、マスターベーションをしている人の周りにスクリーンを設置してください。マスターベーションをしている人が性的行為をしている間、その人に触れることはお勧めしません。事後、原因報告（インシデントレポート）を作成し、このような事態が再び発生するリスクを最小限にする方法を考えてください。これは深刻な状況であり、このように扱われるべきです。公的な場でのマスターベーションを当たり前にしてしまうことは、公私の性的行動について誤ったメッセージを皆に与えることになります。そして、危害に対する脆弱性を高め、人間の尊厳を低下させる可能性があります。また、警察に告発されたことのある人が同じ行為をした場合、捜査や起訴の対象となる危険性もあります。

よい実践的応答

- 通常の危機の管理、事故の管理の手順に従いましょう。
- 他の人、特に子どもや弱い立場の人が危害から守られるようにしましょう。
- 事件の再発を防止する方法を計画しましょう。

> カムが公的な場でマスターベーションをしたとして通報されました。「家でマスターベーションをしているところを母親に見つかったら大変なことになると思って、カムは外に出てマスターベーションをしていました。評価の結果、カムはマスターベーションについての法的、社会的ルールをよく理解していないことがわかりました。カムは、公的な場と私的な場、からだの部位、私的な場所でのマスターベーションに関するルールなど、必要に応じた人間関係と性に関する教育（RSE）を受け、マスターベーションと法律に関する追加セッションも受けました。カム

の家族は非常に協力的で、自分の部屋で「一人の時間」を過ごしても
いいし、家族はカムのプライバシーの必要性を尊重してくれるとカムを
安心させてくれます。カムは家族が部屋に入る前にノックして待つよう
に、ドアに表示を作りました。それ以降、不適切な公的な場でのマスター
ベーションは発生していません。

知的しょうがいのある人がきょうだいと寝室を共有している場合

状況の例

　16歳の女性がマスターベーションをしたいのですが、寝室を妹と共有し
ています。

　寝室でのマスターベーションは、自分一人で、同意した人以外に見られ
ていないのであれば、まったく問題ありません。しかし、寝室などの共有ス
ペースでのマスターベーションは、同意していない人がいて、子どもやきょ
うだいなど性的関係をもつことが法的に許されていない相手がいる場合に
は、不適切であり、違法となる可能性があります。寝室を誰かと共有する
ことは一般的な問題であり、それぞれの寝室利用者が部屋で一人の時間を
過ごせるようにするための措置をとるべきです。もしこれが知的しょうがい
のある人にとって問題であれば、きょうだいにとっても問題である、あるい
は問題になると考えてください。

よい実践的応答

- 知的しょうがいのある人と「パブリックとプライベートとを混同しない」
  教育セッションを行います。
- 二人のきょうだいに、本人たちが望むなら寝室にて一人で過ごす権利が
  あることを説明してください。
- 二人が寝室で一人の時間をもてるように、きょうだいでルールとローテーションを決めてください。

- 寝室のドアに、きょうだいが一人で寝室を使っている間に貼ることができる表示を作ります。
- このしくみが定期的に機能していることを確認しましょう。

公共の場（学校、カレッジ、職場）で
プライベートな時間を求められたときの対応

状況の例

　22歳の男性の職場環境ボランティアが、プライベートな時間のためにスタッフ用トイレを使うことを要求しています。

　スタッフ用トイレを含む公衆トイレでの性的行為（マスターベーションなど）は違法です。これは、他の人々、特に子どもや弱い立場の大人がこのような行為を見てしまう可能性がある場合、さらに問題となります。

　もし、過去に知的しょうがいのある人たちがマスターベーションのために公衆トイレを使用することが許されていたならば、新しい仕事、教育、またはこうした環境でこれを続けることができると普通に思えるかもしれません。この環境では何が合法的な行動なのか、どこで自分のからだに触れ、マスターベーションを適切な方法で行うことができるのかを明確にしてください。

よい実践的応答

- スタッフのトイレでの性的行為は違法であることをスタッフに周知徹底します。
- 本人といっしょに「パブリックとプライベートとを混同しない」の教育セッションを行います。
- 知的しょうがいのある人に、「スタッフのトイレは、マスターベーション行為のようなプライベートな活動のための私的な場所ではありません。トイレを使っている他の人に聞かれたり見られたりする可能性があるので、おしっこやうんちをするときだけトイレを使えばいいのです。マスター

ベーション行為は、家の中の私的な場所でしかできません」と伝えます。

- その知的しょうがいのある人たちが自宅に私的な空間をもっているかどうかを確認し、もっていない場合はもっていることを示唆します。

- 可能であれば、RSE プログラムを提供します。

- 可能であれば、個人的にプログラムに挑戦します。

- 必要であれば、はっきりとした手のジェスチャーやシンボルを伴った強い声を使ってください。

- ショックを受け、感心していない様子を見せます。ユーモアを交えたり、笑い飛ばしたりしてはいけません。

- 明確な指示を出します。「ここは、マスターベーション行為のような個人的な行為をする場所ではありません。トイレを利用している他の人に聞こえてしまうので、トイレはおしっこやうんちをするときにだけ利用してください。マスターベーション行為は家の中の私的な場所でのみ行うことができます」。

知的しょうがいのある人は、「コンプリート（オーガズム）」ができない、擦り傷や痛みがある

状況例

居住施設にいる 22 歳の男性は、自分の部屋で私的な時間を与えられていますが、性器の痛みを訴え、不満を感じています。性とマスターベーションについてのよい人間関係と性に関する教育（RSE）や教材にアクセスできない多くの知的しょうがいのある人たちは、マスターベーションが難しいと感じるかもしれません。これに関する詳しい案内については、「6. マスターベーションの方法」の章を参照してください。

よい実践的応答

- その人の私的な時間が本当にプライベートで邪魔されていないか確認しください。誰でも好きなときに部屋に入れるのであれば、その部屋はプ

ライベートな場所ではありません。

- 誰かがマスターベーションをしたいと思ったときに、邪魔されない時間の長さが十分であることを確認してください。
- 知的しょうがいのある人が何を訴えているのかを探り、性器の痛みが病気や注意が必要な病状によるものではないことを確認してください。
- 知的しょうがいのある人に人間関係と性に関する教育（RSE）プログラムを提供してください。
- 水性の潤滑剤を提供し、その使用方法と個人の衛生状態を維持する方法を説明してください。
- 介入の後、問題をチェックし、痛みや感情的な抑圧が軽減されたかどうかを確認するための日を設定してください。
- 知的しょうがいのある人の性的ニーズを満たすために、他に何が必要かを探りましょう。

性的でないタッチに対する性的反応

状況の例

15歳の男性は、行動上の問題があり、支援者は本人を落ち着かせるためにヘッドマッサージをしています。彼はマッサージ中に目立った勃起をするようになりました。

- 支援者が性的な意図のない接触を行い、それが性的反応を引き起こした場合、介助者はその接触を中止すべきです。
- 性的反応があった後も支援者がタッチを続けた場合、そのタッチは意図的で性的なものと受け取られる可能性があります。
- 介助者はすぐにタッチを中止してください。タッチをやめた理由を、本人に説明すべきです。
- 触れ合いの代替案が検討され、触れ合いが変更された理由が、その人のケア計画または性的行動ケア計画に書き込まれるべきです。

- 思春期の若者が身体的な接触によって性的に興奮し始めるのはよくあることです。これは人間の正常な反応です。

　学校や組織でのタッチの使い方を探り、疑問をもつことはよいことです。私たちは、触れることはさまざまな理由で起こりうることを知っています。また、視覚障害やその他の身体的障害をもつ人の中には、触れることを彼らの教育やケアの日常的な支援として必要とする人もいます。私たちは、ほとんどの触れ合い（ハグを含む）が、知的しょうがいのある人たちの福祉を気遣って、あるいはワーカーと知的しょうがいのある人たちの間に長期的な絆が築かれたことで起こるという事実に注意しています。しかし、これは知的しょうがいのある人たちに触れることが、彼らと仕事をする上で最も適切な方法であることを意味するものではありません。そうする必要性が確認されたときに人の手や腕を握ることは適切ですが、いつもそうしてきたからといって、歩くときに手を握ることは適切ではありません。あなたは、主流の学校やカレッジで、廊下や教室を歩いている生徒の手を握っている教師（男女を問わず）を見たいとは思わないでしょうから、同様の境界が知的しょうがいの設定に適用されるべきです。

　あなたは、次の質問をすることによって、将来子どもが大人に成長するときのために、あなたのケアの提供を保証することができます。

- なぜあなたは知的しょうがいのある人たちに触れているのですか？
- このタッチは、知的しょうがいのある人にどのような利益をもたらしますか？
- このタッチをやめるとどのような結果になりますか？
- この接触は、知的しょうがいのある人の一生にとって適切ですか？
- 彼らが思春期を迎えたらどうなりますか？
- 異なる性別の同僚がこのように彼らに触れることは適切でしょうか？
- スタッフがプライベートで知的しょうがいのある人たちにこのように触れることは適切でしょうか？
- 挑戦的な行動を管理するために、他にどのような方法がありますか？

もしあなたがタッチに対する性的反応に気づき、そのタッチを繰り返した場合、あなたは性的犯罪をしている可能性があります。これは、個人的なケアを行うスタッフにとっては避けられないことかもしれませんが、その他の接触についてはそうではありません。個人的なケアを行っていて、タッチに対する性的反応に気づいた場合は、インティメート・ケア・ポリシー*を参照してください。

　もしスタッフが学校や組織の設定で、通常の練習として知的しょうがいのある人々に日常的に触れているならば、タッチの性的反応に目を向けることは難しいかもしれません。多くの専門家は、タッチが知的しょうがいのある人たちの利益のために行われていると感じており、自分自身または他の人の実践に疑問を持つことを不快に思っています。もし、それが本当に知的しょうがいのある人たちの利益のためであれば、抵抗なく、彼らのケアや性的行動ケア計画に書き入れることができるでしょう。

　性的ではない不適切な接触は、その人の自分に対する信頼性や自分をなだめる行動をする能力を低下させます。最悪の場合、友人、専門家、見知らぬ人との社会的境界に混乱をきたします。家族や友人ではないさまざまな人に触れられることを、普通のこと、許容できること、あるいは望んでいる行動と考えるようになり、虐待に対してより脆弱になる可能性があります。

よい実践的応答

- 介助者に、ヘッドマッサージはもはや適切ではないこと、その理由を教えましょう。性的接触と信頼関係のある大人に関連する法律を説明しましょう。
- 知的しょうがいのある人、親、スタッフといっしょに、スタッフが行動

---

*訳注　インティメート・ケア：デリケートな性器のケアのこと。ケアスタッフは、こうした反応に気づいたときの適切な対応の原則をインティメート・ケア・ポリシーと呼んでいる。

上の問題に対応できる他の方法を探りましょう。

- 知的しょうがいのある人たち個人、そしてクラス全体で「パブリックとプライベートとを混同しない」教育セッションを行いましょう。
- 知的しょうがいのある人たちが自宅にプライベートな空間をもっているかどうかを確認し、もっていない場合はもつ提案をしましょう。
- 「人間関係と性教育（RSE）」プログラムをクラスに配信しましょう。

家庭での非性的な接触に対する性的反応

時々、知的しょうがいのある人は、家族や友人に抱きしめられたときに性器をこするなど、性的ではない接触に対して性的に反応することがあります。家族による性的ではない身体的接触は貴重であり、可能であれば阻止すべきではないため、これは本人にとっても家族や友人にとっても困難な状況となります。私たちは、このような性的な反応に対して、早期行動開始に挑戦することをお勧めします。

よい実践的応答

- 可能であれば、個別に挑戦しましょう。
- 必要であれば、はっきりとした手の動きやシンボルを伴った、強く厳しい声を使ってください。
- ショックを受け、感心していない様子を見せましょう。ユーモアを交えたり、笑い飛ばしたりしてはいけません。
- 明確な指示を出しましょう。

「デウィ、ペニスを触るのをやめなさい。私がハグしているときに、自分の女性器やペニスを触ってはいけません。それは自分だけのプライベートな場所において自分一人でしてください！」

「フィオン、私に向かって女性器をこするのはやめなさい。私がハグしているときに、性器やペニスをこすってはいけません。それは自分の寝室に

おいて自分一人でしてください！」

　法的にも社会的にも許容されることを学べるように、社会的な合図を明確に、または誇張して伝えることは合理的です。状況の重要性や重大性、行動が是正されない場合の結果の重さを印象づけるために、強く反応します。

　ただし、人ではなく行動に言及するようにしてください。「汚い」「いたずら」「むかつく」などの言葉は使わないようにしましょう。その行動が許される場所をはっきり指示してください。マスターベーションは正常で楽しいものですが、その行為をするためにはプライベートな場所にいなければならないことを明確にしましょう。

　一人でいるときや、適切な時間にフレーズを言う練習をしてください。自信をもってはっきりと言うことで、あなたと若者の恥ずかしさを最小限に抑えることができます。必要に応じて、より基本的な表現にしてください。「デウィ、私がハグするときにペニスを触るのはやめてね」などです。

---

17. 要点

- マスターベーションは正常な行為です。
- 個人的な価値観とよい習慣を分けて考えるようにしましょう。
- このような状況になる前に、計画を立てるようにしましょう。支援方針を作成し、必要に応じて変更しましょう。
- 公共の場や私的な行動について明確にしましょう。
- 大人になってからのセックスや人間関係について適切な教育を行いましょう。
- 不適切な行為が行われた場合には、明確でわかりやすい指示を与えましょう。
- 知的しょうがいのある人、親、ケアラー、スタッフと協力しましょう。
- 一貫した明確なメッセージを与え、何度も繰り返しましょう。
- 今ここだけでなく、知的しょうがいのある人の将来の長期的なニーズを考慮しましょう。

18.
性的行動と
性教育に関するケア計画──

　性的行動ケア計画は、その人の性的権利と行動に焦点を当て、個人のニーズに応答する本人中心の対応であると同時に、スタッフが従うべき明確な戦略を示しています。

　通常、知的しょうがいのある人たちが、心配な行動、問題のある行動、有害な行動（自分自身と他者に対して）を示した場合に作成されます。他の人に影響を与えない方法で自分のプライベートな性的行動を管理している人には、他の人と同様に性的行動ケア計画の必要性はありません。

　性的行動ケア計画は、知的しょうがいのある人たちを支援しているチームによって作成されるべきであり、可能であれば本人とその家族を含むべきです。知的しょうがいのある人たちの権利やマスターベーションに関するルールについては、個人的な価値観や誤解、稚拙な実践が入り込む可能性があるため、個々のスタッフに個人で計画の作成を指示することは、よい方法ではありません。

　知的しょうがいのある人たちが自分の計画に直接意見を述べて、本人たちの声を反映している場合は、一人称で書くことができます。また、本人たちの情報を与えられている場合は、三人称で書くことができます。

　性的行動ケア計画には、以下の重要な要素が含まれます。

- 本人の紹介
- 当事者を支援したことがないスタッフのための知的しょうがいのある本人の性的行動の説明
- 知的しょうがいのある本人が以前に受けた、または現在受けている教育とトレーニング、そして本人たちの理解のレベルの実態
- 現在の本人の行動にある決められたルール
- すべてのスタッフと家族が一貫した適切な方法で対応できるように、不適切な性的行動が見られた場合にとる対応行動
- 知的しょうがいのある人たちを支援するスタッフにとっての安全上の問題を指摘するための危機管理情報の領域の項目

ケア計画の例

　（ライトリーコンサルティング〈Lightley Consulting〉社のクレア・ライトリー〈Claire Lightley〉氏の許可を得て掲載しています）

知的しょうがいのある人たちのためのサンシャインセンター
性的行動と性教育に関するケア計画プラン
　名前：アレックス・ウィリアムズ（Alex Williams）
　生年月日：18/02/04　年齢15歳
　作成者：クレア・ライトリー（Claire Lightley）
　キーワーカー：アナ・スミス（Ana Smith）
　ふりかえりの日時：19/01/31　担当者：メル・ガッド（Mel Gadd）

思春期
　ぼくは思春期を迎えて約1年が経ちました。性毛、声の変化、急激な成長など、自分のからだの変化を受け入れてきました。

ぼくの性的行動

　ぼくは思春期の青年で、現在、女性スタッフが周囲にいると勃起することがあります。個別のケアを受けているときにも、よく勃起します。スタッフの手を自分の勃起したペニスに誘導しようとします。勃起はよくします。スタッフが知っている限り、ぼくは宿泊施設ではマスターベーションをしていません。スタッフはその理由を知りませんが、ぼくがその方法を知らないからではないかと考えています。

性教育

　ぼくは、毎日、特別な教育的ニーズとしょうがい（SEND）に対応する学校に通っています。学校では、人間関係や性教育（RSE）の授業があります。でも、先生はマスターベーションについては話しませんし、ぼくはまだマスターベーションについての教育課程や一対一の支援を受けていません。

法律について

　ぼくを支援するために、スタッフは、法律に従い、明示的で適切な絵やビデオを使って、勃起やマスターベーションについて教えることができることを知っている必要があります。勃起やマスターベーションについて教えるときに、ポルノ素材を使用してはいけません。ぼくは18歳未満なので、法律違反になります。ぼくの性器に直接触れてはいけません。これは違法であり、ぼくを混乱させることになります。どのような性的行為であっても、プライベートな場所で行う必要があります。つまり、他の人がいない場所で、ぼくが一人でいられる場所です。

ぼくが生活しているところ

　誰とも共有していない寝室や、ドアに鍵をかけられる浴室など、プライベートな空間があります。お風呂に入っているときは見守りが必要ですが、常に必要なわけではなく、1分ごとにちらっと見る程度で十分です。スタッフは常にぼくの部屋にいる必要はありません。夜間は一人で寝ます。

寝室や浴室で自分のからだをさぐることができます。これらの場所は、ぼくがプライベートでいられる唯一の場所であるため、そうすることが許されています。

性的行動に関するケア計画

- もしぼくが公共の場で勃起してしまったときは、人目につかない場所に連れて行ってください。性的な感情をもつのはいいことだけど、もし勃起してしまったら、触ってはいけないので人目につかないようにしないといけないと説明してください。勃起しても触らなければ自然に治まります。
- 勃起しているときに、ぼくがあなたの手をぼくのペニスに導こうとしたら、あなたは手をどけて、あなたにそんなことをしてはいけないことを説明しなければなりません。
- その際、ぼくにわかるようにペニスという正しい言葉を使ってください。
- ケアをしているときに、ぼくがあなたのプライベートなところに触れてしまったら、ぼくの手を離して、そこに触れてはいけないということを教えてください。
- スタッフがたいへんな場面に遭ったら、記録をしておきましょう。いつ、どこで、誰で、どこにいるのかを記録しておくと、教育を計画するときに役立つでしょう。
- ぼくの身の回りのケアをするときは、可能な限り男性スタッフを指名してもらいたいです。男性が身の回りのケアをしてくれると、ぼくは勃起しません。
- もしあなたが身の回りのケアをしていて、ぼくが勃起してしまったら、勃起しなくなるまで部屋を出て、どうしてそうするのかについて説明をして、ぼくの安全を確保してください。

性教育に関するケア計画

- 勃起について、なぜ勃起するのかを教えてください。

- マスターベーションについて、気持ちいいことやその方法を教えてください。
- 安全にできるように、公共の場所やプライベートな場所について教えてください。
- 公開されている教材を使用し、ポルノは使用しないでください。
- はじめは理解できなくてもやめないで、繰り返し教えてください。
- 模型、ビデオ、絵などを使って、さまざまな方法で教えることを考えてください。

スタッフの危機管理情報

- 勃起しているぼくのペニスにあなたが触ろうとしたら、あなたの手をペニスから離して、そんなことをしてはいけないと説明しなければなりません。
- ケアをしているときにぼくがあなたのプライベートな部位に触れようとしたら、ぼくの手を離して、触れてはいけないことを伝えてください。
- ぼくがスタッフに触れたとき、誰なのか、どこにいるのかを記録しておいてください。
- ぼくは、スタッフに不適切に触れることは許されませんし、それを真剣に受けとめることが重要です。
- ぼくの身の回りのケアをするときは、可能な限り男性スタッフを指名してください。

19.
マスターベーションに関する
方針（ポリシー）の作成──

　組織、学校、カレッジ、ケア施設（あるいは家族）が、マスターベーションに対して最もよい対応をするためには、関係する人たち全員が一貫してはたらきかけ、全体として同じ目的と支援方法をもつ必要があります。これにより、知的しょうがいのある人たちは、いっしょに活動しているすべての人たちから、一貫した正しい情報やメッセージを得ることができやすくなります。

　共通の目的を達成するためには、保護者との連携、十分なスタッフのトレーニング、ニーズに応じた「人間関係と性教育（RSE）」など、いくつかのことが必要です。その上で、よい出発点となるのは、マスターベーションに関する方針、またはマスターベーションを重要な課題として含む、より広い人間関係とセクシュアリティに関する方針を策定することです。

　あなたが専門職であれば、あなたの職場には、マスターベーションや「人間関係と性教育（RSE）」に関する方針がありますか？　あなたが親であれば、あなたの子どもが利用するサービスに方針がありますか？　ある場合にはそのコピーが提供されていますか？　誰もが、自分が責任をもって関わっている人たちに影響を与えるすべての方針には、簡単にアクセスできなければなりません。

方針の作成

マスターベーションに関する方針の目的は、スタッフにマスターベーションに関する課題を管理するのに役立つ一貫した手引きが与えられること、およびこれをもとに知的しょうがいのある人たちをともに支援することです。また、ケアを受けている人たちが不適切なマスターベーションをしてしまうこと、また、マスターベーションをするための支援が必要な場合に起こりうるいくつかの課題に、どのように対処したらよいかわからないスタッフによる無知で一貫性のない実践から、知的しょうがいのある人たちを保護することも目的としています。

マスターベーションに関する方針を作成していくときの原則は以下の通りです。

- 私たちがサポートしている人たちは、性的行為をする権利があり、自分の性的行為について情報を得た上で、選択することができます。
- 私たちがサポートしている人たちには、合法的な行動の範囲内で自分の性と生を表現するために必要な支援、アドバイス、情報にアクセスする権利があります。
- 私たちは、私たちが支援をするすべての人たちが、何らかの形で、法律上の弱者とみなされていることを認識しています。こうした人たちが権利を行使できるようにすることと、本人や本人の周りの人たちを保護することとのバランスをとることは、私たちのケアの義務の一部です。
- スタッフは、マスターベーションを希望する知的しょうがいのある人たちに必要な支援を提供するために、必要な指導やトレーニングを受ける権利があります。
- 方針の策定は、真っ白なページから始めると非常に困難に思えるかもしれませんが、一度、必要な構成要素に分解すると、作成はより簡単になります。

含まれる要素

この方針は何についてのものでしょうか？

　マスターベーションを含む広い範囲の人間関係や性と生に関する方針なのか、それともマスターベーション単独の方針なのでしょうか？

誰がこの方針の作成に関わるのでしょうか？

　方針の開発に、知的しょうがいのある本人を参加させていますか？　家族を巻き込んでいますか？　スタッフの参加はどうするでしょうか？　どのようにして、すべてのこうしたグループの人たちにこの方針の作成に参加させるつもりですか？

なぜこの方針が必要でしょうか？

　何があなたに方針を開発するように促したのですか？　既存の方針との間にはどのようなギャップがあり、なぜこの課題には独立した方針が必要だと考えているのですか？

何を達成または防止したいのですか？

　方針の目的は被害の防止ですか？　それとも、知的しょうがいのある人たちの性的な権利を促進するためのものですか？　あるいは、どちらにも関連した最もよい両方のアプローチの組み合わせでしょうか？

私たちはどのようにこの方針を実践するつもりでしょうか？

　やりたいことを実現するために、どのようなステップを踏んだらよいのでしょうか？　これらは、方針の実施に関わるすべての人が達成できるものでなければなりません。

誰が協力してくれるでしょうか？　参加するのは誰でしょうか？

　方針の策定や行動を支援してくれる鍵となる人を特定してください。

どのような社会資源が私たちを助けてくれるでしょうか？

書式、報告、資源は？

　方針を実現するために、必要なすべての資源やつながりを集めたものを用意しましょう。機密保持、内部告発、自己防御、弱者保護などの方針を参照して、これらと整合させましょう。

いつ見直しをしたらよいでしょうか？

　実施と更新のための明確な時間枠と、そのための責任者、またはチームを示してください。方針は、経験や学習、新たなよい実践に基づいて、時間とともに変化し、適応していく発展的な取り組みです。定期的に更新されずに放っておくと、時代遅れになり、適切なものではなくなってしまいます。

　マスターベーションに関する方針には、以下の項目を含めることをお勧めします。

- 方針の目的と趣旨
- マスターベーションに関する権利と規則
- 家族との連携
- よい実践の対応
- 親密なパーソナルケアに関する手引き
- 自己防御
- 内部告発
- 案内表示
- 関連方針
- 書式と資源
- 役立つ組織

他の組織の方針を援用する

　他の組織の方針を援用する際には、組織名や鍵となる人などの主要な情

報を差し替えるだけで済ませたいと思うことがあります。しかし、他の組織の方針は有用な出発点となり得ますが、自分の方針の中で、利用者や組織のニーズを中心に据えることが重要です。利用者やスタッフが方針の作成に参加することで、方針を「自分のもの」として、日常の実践の一部としてこれを使用する可能性が高くなります。

19. 要点

- 方針は、複雑で長いものである必要はありません。あなたが何をしようとしているのか、誰としようとしているのか、そして、知的しょうがいのある人たち、家族、スタッフのために用意されている安全策を定めればよいのです。
- 方針はチームの参加を得たものでなければならず、一人の人間が開発し、実施するものであってはなりません。
- 方針は、スタッフが読み、理解し、定期的に見直される実用的な文書でなければなりません。

用語集

Additional learning needs（ALN）　付加される学習ニーズ

　学習や教育において、同年齢の多くの子どもたちと比較して課題をもたらす、学習、身体、または感覚的なニーズをもつ子どもや若者を指す。ウェールズでは、ALN は「特別な教育的必要性」という用語に代わるもの。

Agender　アジェンダー　無性別者

　性別をもたないこと、性別を問わないこと、二元的な性別ラベルをもたないことを示す。

Asexual　アセクシャル　無性愛者

　他の人に性的魅力を感じないこと。

Binary（gender）　バイナリー（性別）

　性別は男性と女性の２つしかないとする考え方。

Biological sex　生物学的性別

　生まれたときに見える生殖器に基づいて性別を決めること。

Bisexual　バイセクシャル

　男性にも女性にも性的魅力を感じること。

Cisgender　シスジェンダー

　性自認と生物学的性別が同じである人。

Clitoris　クリトリス

　生物学的な女性の性器。クリトリスは膣口（バギナ）の一部。小さな豆粒大の突起は、尿道と膣口の前方に見える。クリトリスの大部分は内部構造で、膣壁の周りに広がっている。クリトリスは非常に敏感で、触れると非常に快感を覚える。

Cwmni Addysg Rhyw　クワミ　アディング　リュー

　ウェールズにある「性教育の社会的企業」。「Coo-m-nee Ah-this-g Roo」と発音。

Facilitator　ファシリテーター

　個人やグループに教育セッションを提供する人。

Fetish　フェチ

　性的刺激や満足感が特定の物に結びついていること。

Gender identity　ジェンダー・アイデンティティ

　自分で定義した性別を識別すること。ジェンダー・アイデンティティは、生物学的性別と一致する場合もあれば、一致しない場合もある。

Genitals　性器

　人間の外見上の生殖器および性器。女性外性器（バルバ）、男性器（ペニス）、膣口（バギナ）、睾丸などが含まれる。

Heteronormative　異性愛規範

　異性愛を、性的魅力のさまざまな可能性の1つとしてではなく、前提として表現する視点のこと。異性愛は、紙媒体や電子媒体、教育、法律制定者、社会一般で表明されているさまざまな態度によって、あらかじめ設定された（デフォルト）の性的指向として広く「受け入れられて」しまっている。

Heterosexual　ヘテロセクシュアル　異性愛者

　異性に性的魅力を感じる人たちのこと。

Homosexual　ホモセクシャル　同性愛者

　同性に性的魅力を感じる人たちのこと。

Learning disability　知的しょうがい

　イギリス以外で使用されている知的しょうがいの用語。

LGBTQ+

　レズビアン、ゲイ、バイセクシャル、トランスジェンダー、クィア、プラス。

Masturbation　マスターベーション

　性的興奮や性的快感を得るために自分の性器を性的に刺激することで、通常は（常にではないが）オーガズムに達すること。

Non-binary　ノンバイナリー

　男性と女性という二元的な性別にとらわれないアイデンティティ。

Normative　規範的

　正常性の基準として認識されていること。

Orgasm　オーガズム

　蓄積された性的緊張が快く解放され、女性器や膣、ペニスや睾丸が一連の収縮や筋肉の痙攣を起こすこと。生物学的には、男性はオーガズムに達すると通常は射精する。

Pansexual　パンセクシャル

　あらゆる性別や性自認をもつ人々に惹かれること。

Penis　ペニス

　生物学的な男性の外性器。生殖のために排尿と精液の射精を行う。性的に興奮すると、ペニスは短時間で硬くなり、大きくなる。これを「勃起」という。ペニスは非常に敏感であり、それに触れることは非常に快感である。

Pornography（Porn）　ポルノグラフィ（ポルノ）

　性的興奮を刺激することを目的とした、性器や性的行為の露骨な描写や表示を含む素材。

Private　プライベート

　他の人に見られたり聞かれたりしない場所。

PSHE（Personal, social and health education）

　人格的で社会的な健康の教育のこと。

Public　パブリック

　公共の場所。他の人が見たり聞いたりできる場所。

RSE（Relationships and sex/sexuality education）

　人間関係と性／性と生の教育のこと。

RSHP（Relationship, sexual health and parenthood）

　人間関係と性的健康と親になるということ。

SEND（Special educational needs and disabilities）

　特別な教育的ニーズやしょうがいのこと。

SRE（Sex and relationships education）

　性と人間関係の教育のこと。

Testicles　睾丸

　精子とテストステロンというホルモンを作る、生物学的な男性の生殖腺。2つの睾丸は精嚢の中にあり、ペニスのすぐ後ろに位置している。睾丸は接触や温度に敏感である。

Transgender　トランスジェンダー

　自分の性別が、生物学的な性別または出生時に割り当てられた性別とは異なることを認識している人。

Urethra　尿道

　排尿のために膀胱と女性器バルバまたは男性器ペニスの外側をつなぐ管。

Vagina　バギナ　膣

　生物学的な女性の性的身体部位。膣は体の中の外性器バルバから子宮頸部と子宮まで伸びている。膣は、セックス、出産、毎月の生理の排出のためにある。膣の健康を保つための膣分泌物も膣から出る。ます。

Vulva　バルバ　女性外性器

　生物学的な女性の性的身体部位。バルバは、クリトリス、尿道、膣を含む外部領域の名称である。

翻訳者から

　「性と生」に関連する用語のニッポン語訳は、歴史的、文化的、社会的な背景のちがいもあり、適切なニッポン語に訳すことには困難があります。例えば、この用語集の中に、「ペニス」「クリトリス」という言葉があります。「陰茎」「陰核」と訳してもよいのですが。こうした訳語は、明治期以降、男性医学者によって近代西洋医学書を翻訳するときに定着したものです。性器を「陰」と表現することは、江戸時代にもありました。江戸時代の代表的な随筆家である大田蜀山人は1809（文化6）年に『金曽木』を出版しています。その中でへのこ（男性器）の説明として、「古は睾丸または陰核の称呼たりしも、今は専ら男陰の称呼となれり」と述べているようです（下川2016）。この頃までは、陰核は女性器のクリトリスではなく、男性器もしくはその部分を表す言葉だったわけです。現代、性と生を人間の権利として理解しようとする立場からすると、「陰」という言葉は、あまり使いたくありません。「まら」「さね」でもよいのですが、現代では反対に「隠語」になっており、広くは使われていないので、かえってわからなくなってしまいます。こうしたこともあって、本書では、性的なイメージがつきまといにくいカタカナ言葉をそのまま使いました。LGBTQ＋などは、もうアルファベットの羅列です。パブリック、プライベートもそうですが、こうしたカタカナ語を使い続ける限り、ニッポン文化の二重規範（ホンネとタテマエ）文化は解消できそうにもありません。地球規模（グローバル）で英語文化が広がっていく中なので、そのままの価値をこのカタカナ言葉でからだに刻み込んでいくことも、これからの若者たちには、可能かもしれませんが。果たして、こうしたカタカナ語の受けとめだけで、わたしたちは、性と生のからだとこころの主人公、主体者として、自分のかけがえない人生と生活を切り拓いていくことができるのでしょうか。

下川耿史（2016）『エロティック日本史　古代から昭和まで、ふしだらな35話』幻冬舎新書

文 献

Age of Legal Capacity (Scotland) Act 1991. [online] Available at : www.legislation.gov.
  uk/ukpga/1991/50/section/2 [Accessed 21 September 2020].
Bailey, D. (2020). Breaking Down Gender Stereotypes in Legal Writing. Civil Service.
  [online] Available at:https://civilservice. blog.gov. uk /2020/01 /10/breaking-
  down-gender-stereotypes-in legal-writing [Accessed 14 November 2020].
BAILII.org (2020). Gillick v West Norfolk and Wisbech AHA [1985] UKHL 7 (17
  October 1985). [online] Available at:www.bailii.org/uk/cases/UKHL/1985/7.html.
  [Accessed 21 September 2020].
Criminal Justice Act 2003. [online] Available at:www.legislation. gov.uk/
  ukpga/2003/44/part/13/crossheading/outragingpublic-decency [Accessed 18
  September 2020].
Gadd, M. and Hinchliffe, J. (2007). Jiwsi-A Pick 'n' Mix of Sex and Relationships
  Education Activities. [online] fpa.org. London:FPA. Available at: www.fpa.org.uk/
  lsites/default/files/jiwsi-sreactivities-english.pdf [Accessed 18 September 2020].
Hambach, A., Evers, S Summ,0., Husstedt, I.W. and Frese, A. (2013). The
  impact of sexual activity on idiopathic headaches:An observational study.
  Cephalalgia. [online] 33 (6), 384-389. Available at:https://doi.org/10.1177
  /0333102413476374 [Accessed 18 September 2020].
Human Rights Act 1998. [online] Available at:www.legislation.gov.uk/ukpga/1998/42/
  schedule/1/part/1/chapter/7 [Accessed 18 September 2020].
Mental Capacity Act 2005. [online] Available at:www.legislation.gov.uk/
  ukpga/2005/9/section/1 [Accessed 18 September 2020].
Mental Health Act 2007. [online] Available at:www.legislation.gov.uk/ukpga/2007/12/
  part/1/chapter/1/crossheading/mental disorder[Accessed 18 September 2020].
Rider, J.R.,Wilson,K.M., Sinnott, J.A.,Kelly, R.S., Mucci, L.A. and Giovannucci, E.L.
  (2016). Ejaculation frequency and risk of prostate cancer:Updated results with
  an additional decade of follow-up. [online] European Urology 70 (6), 974-982.
  Available at:www.europeanurology.com/article/s0302-2838 (16) 00377·8/fulltext
  [Accessed 18 September 2020].
Robbins, C.L. (2011). Prevalence, frequency, and associations of masturbation
  with partnered sexual behaviors among US adolescents. Archives of Pediatrics &
  Adolescent Medicine 165 (12), 1087. [online] Available at:https://jamanetwork.
  com/journals/jamapediatrics/fullarticle/1107656.

Sex Education Forum (2011). Parents and SRE: A Sex Education Forum Evidence Brieing. [online] Available at:www.sexeducationforum.org.uk/sites/default/files/field/attachment/SRE and parents-evidence-2011.pdf [Accessed 24 September 2020].

Sexual Offences Act 2003. [online] Available at:www.legislation.gov.uk/ukpga/2003/42/contents [Accessed 18 September 2020].

Sexual Offences (Northern Ireland) Order 2008. [online] Available at:www.legislation.gov.uk/nisi/2008/1769/contents [Accessed 18 September 2020].

Sexual Offences (Scotland) Act 2009. [online]Available at:www. legislation.gov.uk/asp/2009/9/contents [Accessed 6 December 2019].

Tenga (2019). 2019 Self-Pleasure Report: How Brits Masturbate and its Role in Self-Care.[online]Available at:www.feelmore.global/wp-content/uploads/2019/05/TENGA-BCW-2019-Global-Survey-UK Report-5.10.19.pdf[Accessed 18 September 2020].

World Health Organization (2018). Defining Sexual Health. World Health Organization. [online] Available at:www.who.int/reproductive health/topics/sexual_health/sh_definitions/en.

訳者あとがき

　ほんとうはとても大切なことであるにもかかわらず、大切にされなければならないことであるにもかかわらず、現実の社会においては大切にされていないこと。現代のニッポン社会には、こんなことは、数えることもできないほど無数にあるにちがいありません。その1つに、知的しょうがいのある人たちの性と生（セクシュアリティ）があります。知的しょうがいがあってもなくても、性と生は大切にされているようには思えませんが、知的しょうがいがあるということだけで、この性と生はより軽んじられているように思います。

　この本は、保護者や支援者向けに書かれています。原文のタイトルは、「Masturbation, Autism and Learning Disabilities」という単語を並べたシンプルなものですが、日本語の読者にはわかりにくいので、『自閉症と知的しょうがいのある人たちへのマスターベーションの理解と支援』にしました。翻訳に際しては、「です・ます調」を基本に、できるだけこなれたニッポン語でわかりやすく表現することを心がけました。英語の長い一文は、2つの文に分けて訳しました。英語特有のわかりにくい表現についてはニッポン語で補足をしたところもあります。それでも、英語特有の言い回しをはじめ、タイトルのマスターベーションを皮切りに、ペニス、バギナ、バルバ、ホルモン、ニーズ、サポート、プログラム、プラン、アプローチなどなど、すっかりニッポン語に馴染んでしまったこうしたカタカナ用語をこのままにするのか、漢語に置き換えるのか、やまと言葉にまでかみ砕くのか、一つ一つ悩みの多い翻訳作業になってしまいました。

　性と生に関しては、イギリスとニッポンでは、宗教的、社会的、文化的背景が異なることも多くあります。けれども、本書では、世界標準のいわばWHOの包括的な性と生の教育と学習の観点で書かれていました。それゆえ、遅れ、歪んだニッポン独特の近代化の中で形成されてきた性と生や

しょうがいに対する、歪んだ認識や価値観から自由でない人たちにとっては、まだまだ受け入れがたい内容もあるように思えます。そもそも、「支援計画（ケアプラン）」一つとっても、ニッポンの場合は、「形式的」であり、「実質的」に本人たちの視点で支援をしていくような形式や内容にまで、高められていない実態や現実もあります。

　ニッポン語で書かれた類書がないので、わたしもいずれはニッポンの現状に合わせつつ、自分で書くことに挑戦するつもりでいますが、とりあえずニッポンの支援者や保護者の方々に紹介したいとねがい、本が売れない社会状況の中で無理を言って、翻訳をさせていただきました。

　特別なニーズをもつこうした子どもたちや人たちへの「人間関係と性教育（RSE）」に関しても、イギリスで新刊が出されたので、余裕があれば、こちらも翻訳をして、紹介してみたいと考えているところです。Paul Bray（2021）『Providing Relationships and Sex Education for Special Learners』（Routledge）です。イギリスにおける「人間関係と性教育（Relationships and Sex Education）」の内容と、その中でも、「特別な学習者（Special Learners）」と呼ばれるさまざまな貧困、人種、民族、機能しょうがいなどの属性によるマイノリティの子どもたちに焦点を当てたこうした本の理解があって、本書のテーマであるマスターベーションの理解と支援についても、より一層、深まりがあるのではないかと考えています。マスターベーションと親密な人間関係（ふれあい）とは、深い関連があります。保護者の方々や支援者たちの二大相談のテーマが、人前でのマスターベーションとベタベタキョリが近い人間関係であることも、不思議ではありません。

　同時期に、Thomas C. Gibbon et. ed.（2021）『Sexuality Education for Students with Disabilities』（Rowman & Littlefield Publishers）も出版されています。こちらは、合州国のペンシルバニア州にあるシッペンスベルク大学（Shippensburg University）の研究者を中心に編集され、書かれたものです。倫理、「障害学」、「交差性（intersectionality）」（さまざまな差別の重なり）、多様な機能しょうがいの理解、教育プログラムの中の性教育の位置づけ、性と生および人間

関係の教育のカリキュラムや実践展開、方針、文化との関係などなど、多角的に論じられていて、参考になります。

　もう一冊だけ。Julia Bahner（2021）『Sexual Citizenship and Disability: Understanding Sexual Support in Policy, Practice and Theory』（Routledge）です。しょうがいのある人たちの性と生の「シティズンシップ（citizenship）」について、スウェーデン、イギリスのイングランド、オランダ、オーストラリアのニューサウスウエールズの4つの国を比較してまとめあげた労作です。イングランドの章を読むと、この国のしょうがいと性に関する施策の展開がコンパクトにまとめられていて、社会政策の視点から理解を深めることができます。岡野八代（2003）さんは『シティズンシップの政治学』（現代書館）の中で、「市民性」「市民権」などと訳されるが定訳はないと書いています。そもそも、ニッポン社会に「市民」などはいるのか？　「コミュニティ」はあるのか？　「パブリック」がないので「プライベート」もないのでは？　疑問が深まるばかりです。性と生の健康を人間の権利として、理解して、推進していこうとするのであれば、こうしたニッポン社会の政治的、文化的な課題にも突き当たります。

　今回は、ニッポンでは類書がなかったために、知的しょうがいのある人たちのマスターベーションの理解と支援に焦点を当てた本を紹介しました。このテーマをより深く理解していくためには、しょうがいのある人たちと性と生に関する社会政策、教育政策、教育内容などをふまえる必要性も痛感しています。

　さて、賃金と同様ニッポンの貨幣価値が下がり続け、翻訳のための版権も相対的に上がっています。これがニッポンの経済と文化の現状です。格差が広がり貧困が増大すると、性と生の文化も含め実態は痩せ細っていきます。ポルノや暴力の性がはびこることになります。そうなると、より弱い立場の人たちは、搾取の対象になりやすくなるわけです。

　「交差性（intersectionality）」（さまざまな差別の重なり）という言葉を紹介しました。人種、エスニシティ、ネイション、ジェンダー、階級、セクシュ

アリティなど、さまざまな差別の軸が組み合わさり、相互に作用することで独特の抑圧が生じている状況を指します。2006年に国連で採択され、2014年に批准をした『障害者権利条約』前文（P）には、「人種、皮膚の色、性、言語、宗教、政治的意見その他の意見、国民的な、種族的な、先住民族としての若しくは社会的な出身、財産、出生、年齢又は他の地位に基づく複合的又は加重的な形態の差別を受けている障害者が直面する困難な状況を憂慮し」とあります。

　こうした事態に対抗していく実践と社会運動を創造していくためには、本人たちとともに学び合うという「学習」は欠かせません。「学習」なくして、「実践」なしです。本書が、少しでもお役に立てばとねがい、自分のためにも、ニッポン語に翻訳してみました。

　わたしにしてみれば、いつも当たり前のことのように、保護者の方々や放課後デイサービスの職員のみなさんや教師のみなさんの相談を受け、お話をさせていただいているわけです。毎回、同じようなお話ばかりで、ほんとうのところは、これでよいのかなぁとふりかえることも多いです。それでも、対話を重ねてみると、基本的な知識や価値について、思いのほか、理解が不十分に感じられることが多々あります。一人ひとりの状況は異なりますが、相談の内容は常に深刻です。大切なことの確認が常に大切と思い、こうした翻訳も含め、決してあきらめることなく、投げ出すことなく、実践的な研究を続けていきたいです。

　一人ひとりが、自分と自分の周囲で起きていることの意味を事実と事実とを結びつけながら、納得できるように学ぶ。受けとめて、自分や他者と対話を重ねながら、それぞれが主権者として、主人公として、主体として行動するときの判断材料としてお役に立てば幸いです。

　この本の著者メル・ガッド（Mel Gadd）さんについて少し紹介をしておきます。序章の「私について」と本書の筆者紹介とHPの情報をまとめてみました。

　メルさんは、人間関係と性教育の社会的企業である「クワミ・アディス・

リュウ（Cwmni Addysg Rhyw）」の共同設立者であり、マネージャー兼ディレクターです。著書には、本書の他に、『性と人間関係の教育の楽しさを伝える（Putting Pleasure Into Your Sex and Relationships Education）』（2013）、『「フィールドで」ウェールズにおける性と人間関係の教育に依拠したコミュニティの支援の展開 'Out in the Field': Developing guidance for community based sex and relationships education in Wales』（2013）などがあります。

　このように、メルさんは、16年以上にわたり、「家族計画協会（Family Planning Association FPA）」の3つの性的健康プロジェクトをコーディネートし、ウェールズとスコットランドの傷つきやすい弱い立場の若者に革新的な性と人間関係の教育（SRE）を提供してきました。こうした傷つきやすい人たちは、主に自閉症と知的しょうがいのある若者や大人たちです。特に知的しょうがいのある人たちへのマスターベーションの支援という人気のあるコースを含み専門家や親たちに「人間関係と性教育（RSE）」トレーニングの領域を提供されてきました。同時に、1995年以来、ボランタリー・セクターのユースワーカーとして、ニーズ主導型のユースワークを開発・提供してきました。ウェールズのボランタリー・セクターの専門家として初めて、イギリスの公衆衛生登録（UK Public Health Register（UKPHR））に公衆衛生専門職（public health practitioner）として登録されています。ニッポンでは「保健師」でしょうか。詳しくは、https://uk.linkedin.com/in/mel-gadd-75b77260を参照してください。また、社会的企業である「クワミ・アディス・リュウ（Cwmni Addysg Rhyw）」については、地元のメディアに紹介記事もありました（https://businesswales.gov.wales/case-studies/cwmni-addysg-rhyw-sex-education-company）。

　少々長い訳者あとがきとなりました。末尾になりましたが、出版不況の時代にもかかわらず、翻訳権の交渉をしていただいた田島英二さん、翻訳のていねいな確認をしていただいた伊藤愛さんに心より感謝します。

著者

メル・ガッド（Mel Gadd）

人間関係と性教育の社会的企業「クワミ・アディス・リュウ（Cwmni Addysg Rhyw）」の共同設立者であり、マネージャー兼ディレクター。イギリスの公衆衛生登録（UK Public Health Register（UKPHR））に公衆衛生専門職（public health practitioner）として登録。著書に『性と人間関係の教育の楽しさを伝える（Putting Pleasure Into Your Sex and Relationships Education）』（2013）、『「フィールドで」ウェールズにおける性と人間関係の教育に依拠したコミュニティの支援の展開 'Out in the Field': Developing guidance for community based sex and relationships education in Wales』（2013）などがある。

訳者

木全 和巳（きまた かずみ）

日本福祉大学社会福祉学部教授

主な単著に『児童福祉施設で生活する〈しょうがい〉のある子どもたちと〈性〉教育支援実践の課題』（福村出版 2010）、『〈しょうがい〉のある思春期・青年期の子どもたちと〈性〉─おとなになりゆく自分を育む』（かもがわ出版 2011）、『子どもの権利とオンブズワーク─豊田市子ども条例と権利擁護の実践』（かもがわ出版 2017）、『〈しょうがい〉と〈セクシュアリティ〉の相談と支援』（クリエイツかもがわ 2018）など。翻訳書に『知的障害のある人たちの性と生の支援ハンドブック』（クリエイツかもがわ 2014）、『パワーとエンパワメント─ ソーシャルワーク・ポケットブック』（クリエイツかもがわ 2016）。近著に『障がいのある子ども・若者の性と生─「からだ」と「こころ」を大好きになろう』（共著、クリエイツかもがわ 2021）

自閉症と知的しょうがいのある人たちへの
マスターベーションの理解と支援
親と専門職のためのガイド

2023年 4 月 30日　　初版発行

著　　者　　©メル・ガッド
訳　　者　　木全和巳
発行者　　田島英二
発行所　　株式会社 クリエイツかもがわ
〒601-8382　京都市南区吉祥院石原上川原町21
電話　075（661）5741　FAX　075（693）6605
ホームページ　https://www.creates-k.co.jp
郵便振替　00990-7-150584
装　丁　菅田　亮
印刷所　モリモト印刷株式会社

ISBN978-4-86342-351-0 C0036 Printed in Japan

好評既刊

自閉症スペクトラム障害の性支援ハンドブック
障害が重い人のセクシュアリティ

ケイト・レイノルズ／著　森由美子／訳

タブーとされがちな性の問題に取り組むための実践的な方法を、自閉症児の親ならではの繊細さと経験を交えて紹介。体の変化や生理、男性と女性の問題を別個に解説、公的、私的な場所における性行動、性的虐待、性別を超えた指導なども網羅。　　2640円

生活をゆたかにする性教育
障がいのある人たちとつくるこころとからだの学習

千住真理子／著　伊藤修毅／編

子どもたち・青年たちは自分や異性のこころとからだについて学びたいと思っている。学びの場を保障し、青春を応援しよう。障がいのある人たちの性教育の具体的な取り組み方を、実践例と学びの意義をまじえて、テーマごとに取り上げる。　　1650円

アスペルガー症候群
思春期からの性と恋愛

ジェリー ニューポート・メアリー ニューポート／著　ニキリンコ／訳

映画『モーツァルトとクジラ』の原作者が贈る「性と愛」のバイブル！　清潔や外見の初歩的なことから、男女交際、恋愛、セックス、避妊、感染症、性犯罪まで、自らの経験からの実用的なアドバイスが満載！　　2420円

障がいのある子ども・若者の性と生
「からだ」と「こころ」を大好きになろう

木全和巳・伊藤加奈子・伊藤修毅・田中弘美
NPO法人子ども＆まちネットSTEPプロジェクト委員会／編著

障がいのある若者のセクシュアリティを多様性、権利、国際動向など多岐に紹介。医学的見地から「からだやこころの変化」その役割と仕組み、多様な開発教材とアニメーションの使い方、教育・福祉現場の実践事例から学ぶ。【DVD付】アニメーション「命のはじまり〜出産まで」　　2420円

〈しょうがい〉と〈セクシュアリティ〉の
相談と支援

木全和巳／著

保護者、学校の教員、放課後等デイサービスや子どもの入所施設の職員、成人の事業や施設の職員、地域の相談員などからの、しょうがいのある子どもたちの性と生の相談事例。事例を通して、すぐに解決できる「手立て」だけではなく、当事者の視点に立ちながら、「どうみたらよいのか」という「見立て」と「共感的理解」を学びあおう。　　1980円